KB188378

우리 곁의 교황

파파 프란치스코

우리 곁의 교황

파파 프란치스코

프란치스코 글 | 주원준 엮음 | 장석봉 기획

궁리
KungRee

그분의 모습을 보며
우리가 새삼 놀라고
감동 받는 까닭은

추천사

이병호 주교(천주교 전주교구장)

1.

"지나가고 말 것들을 숭상하는 문화는 인간을 파멸로 이끕니다. 우리가 거의 의식도 하지 못하는 사이에, 우리는 가난한 사람들의 울부짖음 앞에서 마음 아파하고, 다른 사람들의 고통을 보며 함께 울 수 있는 능력을 잃어가고 있었으며, 그들을 도와야겠다는 감정을 상실한 채, 이 모든 것은 다른 누군가의 책임이라고 생각하며 내 의식에서 이런 일을 몰아내고 있었습니다… 번영과 풍요의 문화는 우리를 죽이고 있습니다."

말도 많았던 이 한 해에 다른 모든 말들을 잠재우며 사람들의 의식에 뇌성처럼 크게 울려온 이 말의 주인공은 다름 아닌 올해의 인물로 선정된 프란치스코 교황이다… 교황직을 수행한 지 일 년도 안 되는 동안 그는 대단한 일을 해냈다… 록스타 못지않은 인기로 사람들의 시선을 집중시킨 가운데, 그는 '돈이라는 우상숭배'를 맹렬히 공격했다. 대통령 후보였던 제시 잭슨 목사는 프란치스코 교황을 마틴 루터 킹과 같은 인물이라고 하는가 하면, 러시 림보 같은 사람은 프란치스코를 마르크시스트로 의심한다… 그 동안 지도급 인사들이 누군가의 마음을 언짢게 하는 발언을 하는 경우가 드물어서, 간혹 그런 경우가 있으면 참신하게 느껴지곤 했다. 그런데 지금은 보수주의자건 진보주의자건 간에 새 양심의 소리 앞에서 어느 쪽이건 분명한 선택을 하지 않을 수 없게 되었다. 이 카리스마적 인물이 하는 말 앞에서, 누군가는 해야만 하는 말임을 인정할 것인가? 아니면 듣지 않았으면 더 좋았을 말을 이 양반이 쏟아놓았다고 해야 할 것인가?

이것은 미국의 유명한 시사 주간지 《타임》이 2013년 12월 23일자 판에서 프란치스코 교황을 '올해의 인물'로 선정하면서 함께 실은 편집 주간의 논평을 간추린 것입니다.

2.

과연 프란치스코는 2013년 3월 13일, 사람들 앞에 교황으로 등장하던 첫 순간부터 지금까지 그 손놀림과 발길 하나하나, 그리고 발언 한 마디 한 마디가 사람들의 눈과 귀를 사로잡고 있습니다. 여기에는 종교, 인종, 언어, 피부색, 국적의 차이가 없습니다. 그런데 사람들의 이목을 끌고 감동을 주는 것은 흔히 거창한 몸짓이나 대단한 말이 아니고, 극히 평범하고 일상적인 것들입니다. 교황에 선출된 후 사람들 앞에 처음 나타났을 때, 전통적 관례에 따라 로마 시민과 전 세계 사람들에게 하느님의 축복을 빌어주는 기회가 되자, 먼저 자신을 위해 하느님의 도움과 축복을 빌어달라며 몸을 굽히는 모습, 자신이 묵었던 숙소의 숙박비를 스스로 지불하는 장면, 지나가다가 피부병으로 얼굴이 심하게 변형된 사람에게 다가가 그 얼굴을 감싸 안는 모습 같은 것들입니다. 이런 모습을 보며, 우리는 마침내 '사람'의 본모습을 본 느낌과 함께 깊은 감동을 받고 있는 것입니다.

사람이라면 당연히 해야 할 일을 이분이 하시는 모습을 보며 우리가 새삼 놀라고 감동을 받는 것은, 그만큼 우리가 인간으로서의 참모습에서 멀리 떨어져 있었고, 인간성을 잃어가고 있음을 반증합니다. 이분의 거동을 유심히 보고 있으면, 내 손은 무엇을 만져야 하는지, 내 눈길은 어디를 향해 있어야 하는지, 그리고 내 발은 어디로 나를 이끌고 가야 하는지를 새삼 깨닫게 됩니다. 우리의 발은 탕자의 그것처럼 우리를 본래 있어야 할 곳에서 점점 멀어지는 방향으로 이끌어가고 있었습니다. 그런데 탕자가 집에서 멀어질 때, 그는 자기 자신에게서도 멀어지고 있었습니다. 그래서 그는 먼저 "자기 자신에게로 돌아와"(루가 15, 17)야 했습니다.

인류는 근래에 와서 이른바 '신자유주의'라는 거대한 물결에 휩싸여 가치관과 방향감각을 잃고 표류하고 있습니다. 세계에서 제일 가난한 나라에 속했다가 반세기도 안 되는 동안 가장 부자 나라 모임에 들게 된 대한민국은 이 거대한 파도에도 제일 심하게 부딪쳤습니다. 그래서 백의민족으로서 입고 살아온 흰옷의 색깔만큼이나 순수하고 깨끗하던 인간성이 무참하게 파괴되었습니다. 위아래가 뒤집힌 채, 물속에 가라앉은 세월호의 모습은 오늘 우리의 현실을 상징하는 그림으로서 2014년 4월 16일 이래 우리 모두의 머리와 가슴속에 지울 수 없이 새겨져 있습니다. 이런 상황에서 "떠나라"고 촉구하시는(『복음의 기쁨』 20항) 구원자의 명령을 되받아 인류에게 큰 목소리로 전하는 프란치스코의 뇌성 같은 외침이, 그래서 우리의 감각과 양심을 흔듭니다.

너무나 가난하던 시절, 우리는 물질이 주는 '쾌락'과 참된 인간성을 간직한 사람만이 누릴 수 있는 '기쁨'을 구분할 겨를이 없었습니다. 서양의 부자 나라 소식을 들으면 천국은 거기에 있는 것으로 생각했습니다. 그래서 우리도 그렇게 되기 위해 모든 노력, 온갖 희생을 다 바쳤습니다. 그래서 이렇게 짧은 시간에 그 목표를 이루었던 것입니다. 그런데 멀리 떼어놓고 꿈속에서 보았을 때는 천국으로만 느껴졌던 그 세상이 현실이 되어 눈앞에 민낯으로 나타났을 때에는 정반대의 얼굴을 하고 있음을 깨달았습니다. 세계 제일의 자살률과 인간성 상실의 속도, 그리고 최저 출산율은 그것을 웅변으로 말해줍니다. 한 마디로, 우리는 "지나가고 말 것들을 숭상하는 문화는 인간을 파멸로 이끈다."는 사실을 뼈저리게 체험하고 있는 것입니다.

3.

"가장 큰 것에도 가둘 수 없지만, 가장 작은 것에는 담겨지는 것, 이것이 하느님다운 것이다 non coerceri a maximo, sed contineri a minimo divinum est." 베르고글리오를 프란치스코 교황으로 빚어 만든 예수회 설립자 로욜라의 이냐시오(1491~1556)의 정신을 잘 표현한 묘비명입니다. 프란치스코는 예수회원으로서 교황직 수행에 제일 도움이 되는 것이 무엇이냐는 질문을 받고, 바로 이 금언을 인용했습니다. 교황은 오늘의 세상에 혁명이 필요하다며 혁명가가 아닌 사람은 그리스도인도 아니라고 말합니다. 그러나 여기서 말하는 혁명은 사람들이 보통 생각하는 것과는 전혀 다릅니다. 그것은, 마리아처럼 온유한 사랑의 힘을 믿고, 세상 사람들의 눈에 "어리석고 약하게 보이지만"(1고린 1, 18~2,16 참조) 절대적 진리의 기준으로 볼 때에는 어떤 인간적 책략이나 권력보다 더 지혜롭고 비할 수 없이 강력한 것입니다. 동서를 막론하고 혜안을 가진 사람들은 이런 역설적 진리를 잘 알고 있었습니다.

윌리엄 블레이크는 이렇게 읊었습니다.

> 모래알 하나에서 우주를 보고
> 들꽃 한 송이에서 천국을 발견하기 위해,
> 그대의 손에 무한을 움켜쥐고
> 한 시간 속에 영원을 담아라.

그런가 하면 노자는 이렇게 설파했습니다.

> 참으로 밝은 것은 어두워 보이고, 정말 앞으로 가는 것은 뒤로 가는 듯하다.
> 참으로 평평한 것은 움푹 파인 듯하고, 진짜 높은 것은 골짜기 같다,
> 아주 깨끗한 것은 더러운 것 같고, 정말 넓은 것은 좁은 것처럼 보인다.

明道若昧, 進道若退, 夷道若纇, 上德若谷, 大白若辱, 廣德若不足

그래서 뛰어난 사람이 도를 들으면 부지런히 실행하고, 보통 사람이 도를 들으면 약간은 취하고 약간은 버리며, 막힌 사람이 도를 들으면 크게 비웃는다. 그런 사람이 비웃는 정도가 아니라면 도가 되기에 부족하다. 上士聞道, 勤而行之. 中士聞道, 若存若亡. 下士聞道, 大笑之. 不笑不足以爲道.

4.

우리가 더 많이 차지하고 더 높이 올라가기 위해서 움켜쥐었던 주먹을 풀고 어깨에 힘을 빼면, 이렇게 눈 푸른 사람들의 말이 미풍처럼 자연스레 우리 안으로 들어올 것입니다. 해와 달과 별들, 그리고 산천초목이 본래의 아름다운 모습 그대로 우리 눈에 나타날 것입니다. 그리고 무엇보다 사람들이 소중하게 보일 것입니다. 그렇게 볼 수 있는 정신과 눈을 가지고 모처럼 태어난, 사람으로서, 넘치는 행복과 기쁨이 속에서 피어오를 것입니다. 프란치스코의 말은 쉽습니다. 우리 모두의 마음 속 깊은 곳에서 지즐대고 있던 것을 그분이 밖으로 말해 준 것뿐입니다. 그래서 그분은 말합니다. "평범할 필요가 있어요. 삶은 평범하지요"(프란치스코 교황, 『나의 문은 항상 열려 있습니다』, 217쪽)

비범한 퇴장이 일으킨 바람 ✚

새로운 바람은 비범한 퇴장에서 비롯되었다. 2013년 2월 11일 교황 베네딕토 16세는 차분하지만 단호한 목소리로 "중요한 결심"을 발표하였다. 그는 17일 후인 2월 28일 20시부로 교황좌가 공석(sede vacante)이 될 것이며, 따라서 새 교황을 뽑을 콘클라베(conclave)가 열릴 것이라고 선포하였다. 사임 발표 자리에 있었던 아린제(Francis Arinze) 추기경은 "추기경들은 놀라움으로 서로 쳐다보았고, 마침내 침묵이 흘렀습니다."라고 발표 현장의 분위기를 전했다. 살아 있는 교황이 스스로 사임한 역사는 무척 드물었다. 마지막은 1415년의 그레고리오 12세였다. 무려 598년 만에 이루어진 교황의 사임 발표는 전 세계 언론을 요란하게 장식했다(번슨, 33~40쪽).

교황 베네딕토 16세는 전임 교황인 요한 바오로 2세 시절, 바티칸에서 매우 영향력 있던 라칭어(Joseph A. Ratzinger) 추기경이었다. 그런데 그는 추기경 시절, 이미 1991년, 1996년, 2001년에 걸쳐 세 번이나 사임을 청한 적이 있었다. 지독한 공부벌레이자 저명한 학자인 그는 마르티니(Carlo M. Martini SJ) 추기경처럼 은퇴 후 연구와 집필에 전념하기를 원했다(번슨, 46쪽). 베네딕토 16세의 최측근인 갠즈바인(Georg Gaenswein) 대주교에 따르면, 이제 베네딕토 16세는 '은퇴교황'(Pope Emeritus)으로서 연구와 집필에 몰두할 것이라 한다(2월 14일 이탈리아 언론 인터뷰). 스스로 정한 2월 28일, 베네딕토 16세는 오후 5시 20분경 카스텔간돌포에 모인 군중을 향해 "(오늘) 저녁 8시를 기해 … 평범한 순례자가 될 것입니다."라고 말했다.

콘클라베와 새 교황 선출은 물 흐르듯 이루어졌다. 전 세계 추기경들은 3월 12일에 콘클라베를 시작했고 13일 7시 6분에 시스티나 성당에서 흰 연기가 피어 올랐다. 불과 몇 분 사이에 바티칸의 성 베드로 광장에 모인 군중은 15만 명을 넘어섰다. 그리고 8시 10분, 토랑(Jean-Louis Tauran) 추기경은 "새 교황이 선출되었습니다"(habemus papam)라고 선포하였다. 그 옆에는 76세의 부에노스아이레스의 대주교 호르헤 마리오 베르고글리오(Jorge Mario Bergoglio SJ) 추기경이 서 있었다. 베네딕토 16세의 사임 발표 후 불과 31일 만이었다.

성장과 부르심 ✛

베르고글리오는 이민자의 자손이었다. 그의 할아버지 형제들은 1922년부터 아르헨티나로 이주하기 시작했다. 6남매가 모두 한 곳에 모여 살기로 한, 가족애와 신앙심이 돈독한 북부 이탈리아 출신들이었다. 1936년 12월 17일에 태어난 그는 조부모에게 이탈리아 북부 지방 사투리를 배웠다. 그는 신앙심 깊고 온유하고 다정한 성품의 아버지를 무척 닮았고, 5남매의 장남으로서 사랑을 듬뿍 받으며 자랐다(에어바허, 63~66쪽).

이민자의 후손이란 배경을 염두에 두면, 그의 특이한 이름을 두고 일어난 작은 혼란을 이해할 수 있다. 그의 이름 'Jorge Bergoglio'는 아르헨티나의 언어(=스페인어)로 '호르헤 베르고글리오'로 읽는다. 그런데 이탈리아계 이민자들은 스스로의 성(姓)을 이탈리아어로 '베르골료' 또는 '베르골리오'로 불렀을 것이고, 현재 이 탈리아인들도 이렇게 발음한다. 이 책에서는 아르헨티나에서 줄곧 사용된 이름, 곧 스페인어로 '베르고글리오'라고 쓸 것이다.

소년 호르헤의 가정은 궁핍하진 않았지만 그리 넉넉한 편도 아니었다. 호르헤 가 초등학교를 졸업하고 13세가 되자, 아버지는 "이제 너도 중학교에 입학할테니 일을 시작하는게 좋겠다."고 말씀하셨다. 그는 아버지가 회계 업무를 봐주던 양말 공장에서 일을 시작했다. 처음 2년은 청소만을, 3년째부터는 관리 업무를 맡았다. 중학교를 끝내고 공업학교에 진학한 이후에는 제약회사에서 일했는데, 아침 7시부 터 1시까지는 일을 하고, 2시부터 8시까지는 학교에서 공부했다. 그의 친구들은 그 가 공부를 무척 잘했지만, 공부만을 하는 학생은 아니었다고 회상했다. 그는 문학 과 음악에 관심이 많았고, 축구를 좋아했으며, 어머니를 도와 요리도 했다.

교황 프란치스코는 50년도 지난 후 한 인터뷰에서, 당시 제약회사에서 일하던 청소년기를 떠올렸다. 그는 공산주의자인 여성 노동자로부터 친밀함과 성실함을 배웠는데, 어느 날 그녀는 안타깝게도 수녀들과 함께 납치, 실종되어 생사를 알 수 없었다고 한다. 그는 "저를 일터로 보낸 아버지께 정말 감사드립니다. 인생 여정에 서 저를 가장 잘 단련시켜준 건 일이었어요."라고 회상했다. 이렇게 그는 노동하며 성장했고 노동의 가치를 체득했다(암브로게티, 49~59쪽).

17세의 어느 날, 그는 고백성사를 보면서 "이상한 일"을 겪었다. "뭐라 설명할 수 없는 것에 압도되는 느낌이" 무방비 상태의 자신을 덮쳤는데, "그를 부르실 때의 하느님의 자비로운 모습" 때문에 종교적 소명을 갖게 되었다. 그는 이제 '하느님께 서 먼저 그를 기다리고 계시다는 것을' 알았다.

20세가 되던 해에는 폐렴을 앓고 오른쪽 폐 일부를 절제했다. 생사를 오가는 체 험을 하고 난 다음 해에, 그는 더욱 강한 종교적 확신을 갖고 예수회에 입회했다. 그 는 "복종과 규범을 요구하며 교회에서 상당한 위치를 차지하고 있던 예수회에 마 음이 이끌려 들어가게" 되었고, "선교 업무에 중점을 둔다는 점"도 영향을 끼쳤다 고 한다. 그는 본디 일본으로 선교 활동을 떠나고 싶어했지만 건강문제로 허락을 받을 수 없었다(암브로게티, 75~79쪽).

칠레와 아르헨티나 등의 신학교에서 학업을 쌓던 그는 사제품을 받기 전에 이미 학생들을 가르쳤다. 그리고 33세가 되던 1969년에 사제가 되었고 그로부터 4년 후에 종신서원을 했다(1973년). 놀랍게도 같은 해에 6년 임기의 아르헨티나 예수회 관구장으로 선출되었다(1973~79년).

그는 유례없는 고속승진(?)을 거듭했다. 관구장 임기가 끝나자 6년 동안 신학교 학장을 맡았다(1980~86년). 그로부터 6년 후에는 부에노스아이레스의 보좌주교로 (1992년), 다시 5년 후에는 부교구장 주교로(1997년), 그 다음해에는 대교구장으로 (1998년), 3년 후에는 추기경으로(2001년) 서임되었다.

훗날 알려진 사실이지만, 추기경으로 서임되고 4년 후에 열린 콘클라베에서 그는 두 번째로 많은 표를 얻었다. 진보성향 추기경들의 표가 베르고글리오 추기경에게 쏠렸기 때문이었다. 하지만 그는 2005년 4월 19일, 교회의 극한 대치를 피하기 위해 라칭어 추기경에게 투표해 달라고 지지자들에게 눈물을 흘리며 간곡하게 호소했다(에어바허 43~48쪽). 그리고 콘클라베가 끝난 다음 아무 일도 없었다는 듯, 지구 반대편으로 돌아가 묵묵히 교구장직을 수행했는데, 같은해 11월 19일 아르헨티나 주교회의 의장으로 선출되었다. 3년 후에는 아르헨티나 주교회의 의장에 재선되고(2008년), 결국 2013년에 새 교황이 되어 바티칸으로 돌아왔다. 그는 교황으로 선출된 직후, "나의 형제 추기경들이 로마의 주교를 찾기 위해서 지구 끝까지 갔었습니다."라고 말했다.

그는 교황으로 선출되고 나서 과거를 솔직하고 겸손되이 회상했다. "저는 아주 젊을 때 장상으로 임명되어서, 예를 들자면 권위주의적인 실수를 많이 저질렀어요. … 그리고 저는 서로 대화를 해야 한다는 것, 다른 사람들은 어떻게 생각하는지 들어야 한다는 것을 배웠어요"(2014년 3월 13일).

세상 속의 교회 ✚

1970~80년대, 아르헨티나는 어지러웠다. 거듭된 독재와 쿠데타로 경제는 마비되었고, 빈부격차는 극에 달했다. 군사 독재 정부는 정의와 민주를 요구하는 사람을 납치하고 고문하고 살해했다. 1976년에서 1983년까지, 이른바 '더러운 전쟁(Guerra Sucia)' 기간 동안 수만 명이 실종되었고, 일부는 '죽음의 비행기(vuelos de la muerte)'에 실려 산 채로 하늘에서 대서양으로 던져졌다. 역시 끔찍한 군사 독재를 경험한 한국인들에게 이 당시 아르헨티나 상황은 비교적 쉽게 이해될 것이다. 이 시기에 한국에서는 지학순 주교와 김수환 추기경 등이 군사 독재에 맞섰고, 정의구현사제단이 탄생했다.

아르헨티나는 가톨릭 국가다. 독재 정권에는 수많은 가톨릭 인사가 참여하였고, 몇몇 주교도 협력했다. 하지만 가난한 사람을 위해 투쟁하는 사람도 역시 가톨릭 신자들이었다. 남미는 해방신학의 중심지였고, 일부 신부들은 마르크스주의자들과 함께 총을 들었다. 호르헤 신부도 세상의 격랑을 피할 수 없었다. 그는 해방신학에 매료되었지만 폭력은 단호히 거부했다.

해방신학 내부에는 사실 다양한 시각이 존재한다. 교회마저 '기존질서'로 보고 신랄하게 비판하는 부류가 있는가 하면, '교회에서 출발하는' 해방신학도 있다. 성경에 기반하여 '역사적 실천'을 출발점으로 삼는 해방신학이 있는가 하면(구티에레즈, 보프), 제라 신부나 호르헤 신부처럼 '민중의 신앙심'에서 출발하는 영성적 부류도 있다.

호르헤 신부는 사회적 상황을 분석하기 위해 사회과학적 방법을 사용했다. 그는 1990년대 젊은 주교 시절 '빈민 사목 사제단'을 부활시켜 빈민촌에 파견했다. 2001년 추기경 시절에는 실직자, 노숙자 등 주변부로 밀려난 가난한 사람에 대해 연구하는 '사회적 책임 연구소'라는 연구기관을 설립하기도 했다. 로메로 대주교가 조속히 시복되길 원한다고도 말했다(에어바허 128~133쪽). 그는 가난이 '신학적 문제'이며 그렇기에 '1차적 문제'라고 인식하는 영성가이자 실천가이다. 교황이 된 후 그는 스스로를 "저는 '카예헤로'(callejero), 곧 '거리의 사제'였거든요."라고 회상했다(2013년 7월 28일).

가난한 교회, 야전병원 ✤

그는 교황이 된 이후에도 해방신학적 사고방식과 용어를 자연스럽게 사용한다. 그는 그리스도교 신학에 '가난'을 복권시켰다. 그동안 '가난'은 일부 영성적 맥락에서 제한적으로 사용되긴 했지만('가난의 영성' 등), 사회적·경제적 맥락에서 가난을 사용하는 일은, 전체적으로 볼 때 그리 활발하지 못했다. 교황도 지적했듯, 지금도 교회의 일각에서는 이 단어를 자연스레 입에 올리기가 약간 거북한 형편이다.

가난은 그가 가장 즐겨 사용하는 단어 가운데 하나다. 베르고글리오가 최초로 교황명으로 채택한 프란치스코는 대표적인 '빈자의 성자'이다. 프란치스코 교황은 즉위하자마자 "나에겐 복음의 핵심은 가난한 사람들입니다."(2014년 3월 31일)라고 했고, "하느님은 가난한 사람을 사랑하십니다. 그리고 가난한 사람들을 사랑하는 사람들을 사랑하십니다."(2013년 6월 13일)라고 말했다. 독자들은 이 책에서 가난한 사람을 따스한 시선으로 바라보는 교황의 마음을 느낄 수 있을 것이다.

그는 교회를 "야전병원"에 비유했다(2013년 8월 19일). "밖으로 나가기, 전진하기, 장애를 넘기"가 그리스도인의 정체성이라고도 말했다(2014년 2월 14일). 프란치스코 성인이나 데레사 수녀를 성당 안에 가두어버리면 안 된다고도 역설했다(『복음의 기쁨』 183항). 그는 갇혀 있는 교회보다는 길거리에서 사고를 겪는 교회가 천배나 낫다고 가르쳤다(2013년 5월 18일).

이렇게 밖으로 나가라는 가르침의 배경에는 "복음선포는 명료한 사회적 내용이 담겨 있습니다."(『복음의 기쁨』 177항)라는 신학적 확신이 있기 때문이다. 그는 '현재 교회 안에는 단 한 마리 양이 있을 뿐이고 99마리 양이 길거리에서 길을 잃었는데' 교회가 찾아 나서야 한다는 비유도 들었다(교황 선출 전 인터뷰).

그가 교황으로 선출되어 '첫 방문지'로 택한 곳은 북아프리카 불법 이민자들의 밀항지로 잘 알려진 람페두사 섬이었다. 그는 람페두사의 '불법이민자 수용소'에서 미사를 집전했고, 이민자들에 대한 국제적 무관심을 비판하고 양심의 각성과 형제애를 촉구하는 강론을 했다.

프란치스코 교황의 신학적 특징은 2014년 출판된 『복음의 기쁨』(Gaudium Evangelii)이라는 문헌에 잘 요약되어 있다. 기존의 교황청 문서와 달리 쉬운 구어체로 쓰여진 이 문헌은 세계적으로 베스트셀러의 반열에 올랐고, 한국에서도 반응이 뜨겁다. 영감으로 가득 찬 이 책에서 신학자들은 21세기 세계 가톨릭 교회의 전망을 읽어내고 있다.

또한 교황은 "저는 『간추린 사회 교리』라는 책을 연구하고 활용할 것을 진심으로 권유합니다."(『복음의 기쁨』 183항)라고 추천했다. 이 책은 가톨릭 교회의 '사회 교리'에 대한 일반 신자용 교재인데, '믿을 교리'와 한 짝을 이루는 '행할 교리'를 설명한다. 프란치스코 교황 시대에 사회 교리와 사회적 실천에 대한 관심은 더욱 높아질 것이다.

일상과 직관의 언어 ✦

프란치스코 교황은 쉬운 언어로 대중과 소통한다. 이해를 돕기 위해 '학문의 언어'와 '일상의 언어'를 구별해 보자. 베네딕토 16세와 프란치스코는 아마 좋은 본보기가 될 것이다. 탁월한 학자인 베네딕토 16세 교황은 학문적 언어에 통달한 인물이다. 필자는 독일에서 공부할 때, '그냥 구술하면 논문이 되는' 경지의 학자로 지난 교황을 언급하는 신학 교수들을 여럿 만날 수 있었다. 다수의 저술로 다듬어진 이런 언어는 매우 정확하게 의미를 전달하는 이점이 있다.

반면 프란치스코는 직관의 언어로 사람들의 마음에 울림을 준다. 바티칸에서 일상적으로 이루어지는 삼종기도나 주일 강론은 물론이고 작은 연설이나 인터뷰에서 자연스레 흘러나오는 '일상의 언어'를 통해 현대인들과 깊이 소통하고, 평범한 사람들의 영감을 자극한다. 그는 가슴에서 우러나오는 말을 즉석에서 쉽게 표현하는 데 탁월한 능력이 있다. 어떤 점에서 그의 언어는 예수를 닮았다.

교황은 사회과학적 방법론을 사용하지만, 그의 말씀에 사회과학적 용어가 거의 없다는 점은 무척 특이하다. 복음화의 명료한 사회적 차원, 가난한 교회, 야전병원 같은 교회를 역설하는 『복음의 기쁨』에는 '계급'이란 단어가 단 한 번도 나오지 않는다. 그 대신 성경과 전통의 언어가 풍부히 등장한다. 프란치스코 교황은 '복음적이고 전통적인 표현'만으로 더 울림 있고 지극히 강렬한 사회적인 메시지를 전하는 경지를 훌륭히 보여준다.

12월이 되어 대림시기가 시작되면 전 세계 가톨릭 성당에는 '(성탄) 구유'를 전시한다. 작은 인형으로 마굿간, 소, 말, 목동, 요셉, 마리아 등을 만들어 놓는다. 가난하게 태어나신 작고 약한 아기 예수를 모든 사람이 생생하게 볼 수 있도록 하기 위해서이다. 일종의 '직관적 시청각 교육'으로 볼 수 있는 이 구유는 1223년 프란치스코 성인이 처음으로 만들었다. 필자는 프란치스코 교황의 언어가 이 구유를 닮았다고 느낀다. 만인을 향해 쉽고도 직관적으로 복음의 진수를 유감없이 드러내기 때문이다.

몸에 밴 온화함과 겸손함 ✢

그는 스스로 가난한 사람으로 살았다. 신학교 학장 시절에는 신학생들처럼 직접 빨래를 했고, 부에노스아이레스 대주교 시절에는 크고 아름다운 관저에서 기거하지 않고 주교관 2층의 작은 아파트에서 직접 요리하며 살았다. 그는 추기경 시절에도 지하철을 자주 이용했고, 버스를 즐겨 탔다. 운전기사를 두지 않았기에 필요할 때는 손수 운전했다. 그는 주교가 된 이후에도 늘 자신을 '호르헤 신부'로 불러달라고 청했다.

그 스스로 빈민가를 자주 찾았고, 빈민사목을 전담하는 사제단을 조직하는 등 '빈민가의 교황'이라고 불린다. 그런 그가 2001년 추기경으로 서임될 당시, 바티칸에서 열리는 서임식에 참석하기 위해 대규모 순례단이 조직되는 것을 보았다. 그는 즉시 아르헨티나의 신자들에게 로마 여행을 중지하고 그 돈으로 가난한 사람을 도우라고 편지를 보냈다. 그는 평소에도 교회안의 물질주의와 영적 세속화를 강력히

경고했다.

그는 겸손과 온화함이 몸에 밴 인물이다. 그는 스스로 온화함에 매료되며, 사랑이 온화함에서 비롯되어야 한다고 말했다(교황선출 이전 대담). 그는 콘클라베에서 교황으로 선출된 직후 동료 추기경들의 인사를 서서 받았으며, 곧이어 광장에 모인 사람들을 향해 '제가 여러분을 축복하기 전에, 여러분이 저를 위해 기도해 주십시오.'라고 말하며 겸손하게 머리를 숙였다.

교황으로 선출된 다음에는 콘클라베 기간 동안 묵었던 호텔에서 자신의 카드로 직접 계산했다. 교황이 된 후에도 직접 가방을 들고 비행기에 오른다. 한 기자가 '도대체 그 가방에 무엇이 들어 있습니까?'라고 묻자 '핵폭탄 버튼이 들어 있지는 않아요.'라고 재치있게 응답한 일화는 유명하다. 그리고 '자기 가방을 자기가 드는 것이 정상'이며, "우리는 정상적인 것에 익숙해져야 합니다."라고 말했다. 그는 비오는 날 우산도 손수 쓰고, 지금도 오래된 플라스틱 손목시계를 쓰며, 직접 전화를 걸고, 바티칸에서도 소나타보다 작은 차를 탄다.

예수회의 영성 ✚

그는 예수회 출신 첫 교황이다. 교황 문장의 한가운데 있는 IHS는 그리스어로 "예수"를 뜻하는 그리스어 단어($IH\Sigma OY\Sigma$)의 첫 세글자를 라틴어로 쓴 것이다. 예수회가 즐겨 사용하는 상징 가운데 하나로서 서강대학교 교표에도 볼 수 있다.

가톨릭 교회의 성직자 교육과 관리는 전통적이고 엄격하다. 그 가운데에서도 예수회는 특별히 길고도 엄격한 훈련 과정을 거친다. 21세에 예수회에 입회한 호르헤 베르고글리오도 예수회의 교육과정을 모두 거쳐 33세에야 사제가 되었다. 사제가 된 이후에도 4년을 더 수련해야 했고, 그러고 나서야 비로소 평생 예수회에 머물 수 있다는 '최종서원'을 할 수 있었다.

예수회 영성의 핵심은 세상에 대한 헌신이다. 그들은 세상 밖으로 도피하지 않고, 오히려 세상에 적극 참여한다. 예수회의 창설자인 성 이냐시오부터 수도회의 교육활동이 시작되었다. 예수회는 현재 세계에서 가장 많은 대학을 보유한 집단이 되었다. 전 세계 예수회의 최고 의결 기구는 '예수회 총회'인데 제32차 총회는 "오늘날 예수회의 사명은 신앙에 대한 봉사이며, 신앙에 대한 봉사는 정의를 구현하는 일과 떼려야 뗄 수 없다."고 선언했다. 이 결정은 베르고글리오 신부가 아르헨티나 예수회 관구장으로 재임하던 시기에 이루어진 일이다(에어바허 156~158쪽). 그러므로 1970년대 남미 해방신학의 중추적 인물들 가운데 상당수가 예수회원임은 자연스러운 일이다. 한국에서도 정의 구현 활동에 참여하는 신부들 가운데 예수회원을 쉽게 찾아볼 수 있다. 한국 예수회는 제주도 강정에 정식으로 공동체를 설립했다.

베르고글리오는 교황이 되고 예수회원들과 인터뷰를 가졌다. 첫 질문은 "호르헤 베르고글리오는 누구입니까?"였다. 이 질문을 받고 그는 잠시 생각에 잠겼다. 순간 긴장이 흘렀다고 한다. 잠시후 교황은 담담하게 "저는 죄인입니다."라고 대답했다. 그리고 교황 문장에 쓰인 "자비로이(miserando) 선택하시니"를 설명했다. 그는 이 말을 "불쌍히 여기시어(misericordiando) 선택하시니"로 옮기는 것을 좋아한다고 말했다. 사실 교황으로 선출된 직후에 교황의 직무를 받아들이겠느냐는 질문에도 그는 "저는 죄인입니다. 하지만 우리 주 예수 그리스도의 커다란 자비와 무한한 인내에 저를 맡기며, 참회의 정신으로 받아들입니다."라고 말했다.

주님의 무한한 자비를 전적으로 신뢰하는 것이 그의 영성의 특징이라고 할 수 있지 않을까. 교황은 하느님은 한없는 자비로 우리 인간을 바라보시며, 그런 자비의 하느님은 지치지 않으신다고 가르친다. 그는 세상 속에서 주님의 큰 사랑과 자비를 실천하는 것이 그리스도인의 의무라고 생각하는 것 같다. 하루 일과를 마치고 고단한 몸을 이끌고 기도할 때, 주님이 자비로이 나를 바라보고 있다고 생각하면 다시 힘이 난다고 말하기도 했다. 그는 탁월한 언어와 거침없는 행동을 통해서 하느님의 큰 자비를 우리에게 가르치고 있다.

이런 깊은 영적 직관은 예수회 특유의 영성 훈련 방법을 통해 길러진 것이다. 예수회 영성은 성경에 대한 깊은 성찰에 기반하고 있고, 그 핵심은 창설자 성 이냐시오가 만든 『영신수련』이라는 얇은 책자에 실려 있다. 이냐시오 성인은 반종교개혁기의 핵심적 인물로서, 그의 『영신수련』은 이미 16세기에 가톨릭 교회에 빠르게

전파되었고, 현재 가톨릭 교회 영성의 큰 부분을 차지한다. 영성 훈련의 방법론이라고도 할 수 있는 『영신수련』을 통해서 위대한 영적 인물이 많이 배출되었고, 그 가운데는 교황 프란치스코도 포함될 것이다. 필자는 교황의 방한을 계기로 한국에서도 『영신수련』을 통한 영성 훈련이 보급되어, 그윽한 영성의 실천이 확산되길 기원한다.

새로운 시대 ✝

그가 일으키는 새 바람은 그의 이름에 함축되어 있다. 사실 프란치스코라는 교황명은 매우 혁명적이다. 열두 사도, 복음사가, 수도회의 창립자 등은 그동안 교황명으로 금기시되었다. 큰 수도회를 창설한 도미니코, 이냐시오, 아우구스티노 등은 아직 교황명으로 사용된 적이 없다. 수도회 창립자 가운데 그동안 베네딕토가 유일한 예외였다. 게다가 새 교황이 선임 교황의 이름을 선택하지 않은 것은 란도 교황 (913~914년) 이후 거의 1200년 만이다(요한 바오로 1세와 2세는 제2차 바티칸 공의회를 열고 닫은 요한 23세 성인 교황과 바오로 6세 교황의 이름을 따라서 지은 것이다. 에어바허 141~145쪽).

교황 프란치스코는 우리가 기쁨을 갖고 교회 밖으로 나갈 때, 하느님께서 이미 거기 와 계셨음(primerear)을 깨달을 것이라고 가르친다. 돌아보면 우리 조상들이 그러하지 않은가. 하느님께서는 선교사가 오기 전에, 이미 한반도에 오셔서 우리의 믿음이 자라나게 하셨다. 교황 프란치스코가 시복식을 주재하실 '윤지충 바오로와 동료 순교자 123위'는 이렇게 자발적으로 믿음을 수용하고, 스스로 이 세상을 새롭게 살아간 분들이다. 이제 한국을 방문하여 아시아 청년대회와 시복식을 주재하실 교황께서, 수많은 만남과 연설과 행동을 통해, 지친 한국인들을 위로하고, 하느님의 무한한 자비를 보여주시길 고대한다. 하느님께서 이미 와 계셨던 이 땅에서, 그가 일으키는 21세기 가톨릭의 새로운 바람이 널리 퍼져나가길 두 손 모아 기원한다.

이 책은 교황 프란치스코의 인상적인 말씀을 가려 뽑은 것이다. 쉽고 일상적인 말씀과 강렬하고 인상적인 표현을 주로 선택하려고 했다. 교황이 자주 하신 말씀은 강조하는 의도라고 생각되어 중복되더라도 그대로 싣기로 했다. 개별 인용문은 원문과 직접 대조하여 필자가 일일이 직역했고, 필요한 경우에 약간 윤문했다. 어쩌면 이 책은 훌륭하신 분에 가까이 가기 위한 섣부른 징검다리 이상의 역할을 할 수 없을 것이다. 부디 이 작은 책이 교황 프란치스코를 조금 더 친근하게 느끼는 데 보탬이 된다면 한없이 기쁘겠다. 이 책을 읽고 교황 프란치스코를 더욱 알고 싶은 분들은, 시중에 나와 있는 교황의 강론집 등을 읽어볼 것을 적극 추천하는 바이다. 참고로, 가톨릭 교회에서는 최근 '교황'(教皇) 대신 '교종'(教宗)으로 부르는 흐름이 일고 있고, 필자도 그런 용어를 쓰고 있지만, 이 책에서는 아직 대중에게 익숙한 '교황'으로 쓴다.

교황의 인용문은 다음과 같이 배열하였다.

1장은 시기적으로 가장 앞선 인용문들로, 주로 교황 선출 이전의 말씀들과 콘클라베 전후의 말씀을 모아 놓았다.
2장은 가난과 복음화의 사회적 차원에 관한 말씀들인데, 프란치스코 교황이 강조하시는 내용이라서 가장 분량이 많다.

3장은 하느님 성찰과 관련된 인용문을 뽑았다. 지치지 않으시는 무한한 자비의 하느님에 관한 영성적 말씀에서도 사회적 차원이 명료히 깃들어 있음을 볼 수 있을 것이다.

4장은 교회에 관한 말씀이다. 현대 가톨릭 교회의 구석구석을 세밀하고도 정확히 파악하시는 교황의 예지를 느낄 수 있을 것이다.

5장은 성직자, 수도자, 평신도들에 대한 말씀들이다. 분량상으로 사제에 관한 말씀이 가장 많고, 여성과 평신도에 대한 깊은 성찰도 엿볼 수 있을 것이다.

끝으로 6장은 기쁘게 실천하자고 우리를 격려하시는 교황의 말씀을 모아 놓았다. 군말없이 실천하자는 말씀은 우리의 실천적 응답을 기다리고 있다.

가톨릭 교회에 큰 관심을 가지고 훌륭한 기획을 제안해 주신 궁리출판사의 이갑수 사장님께 깊은 감사를 드린다. 사실 가톨릭 교회의 용어 등을 정확하고 일일이 챙기는 일은 교회 전문 출판사에게도 쉽지 않은 일이다. 가톨릭 교회의 출판 허가에 이르기까지 모든 일을 교회의 기준에 따라 주신 용기와 겸손 덕분에 교회와 사회에 도움이 될 책이 나오게 된 것 같아 더욱 큰 감사를 드리고 싶다. 한국에서 기획하고 제작한 프란치스코 교황의 사진집이 세상에 나오게 된 것은, 한국의 평신도 신학자로서 참으로 기쁜 일이다.

1

제가 여러분을 축복하기 전에
여러분들이 저를 위해
기도해 주십시오

하느님 앞에서 제 양심을 거듭 성찰한 결과, 저는 고령으로 인해 제 능력으로는 베드로 후계자의 사명을 적절하게 수행할 수 없다는 생각이 확고해졌습니다(베네딕토 16세)

나의 형제 추기경들이 로마의 주교를 찾기 위해서, 지구 끝까지 갔다 온 것 같습니다.

저에게, 프란치스코 성인은 가난의 사람, 평화의 사람, 피조물을 사랑하고 보호하는 사람입니다.

독재 정권에 공모한 주교들이 있었습니다. 그러나 베르고글리오는 그러지 않았습니다.

하느님 앞에서 제 양심을 거듭 성찰한 결과,
저는 고령으로 인해 제 능력으로는 베드로 후계자의 사명을 적절하게 수행할 수 없다는 생각이 확고해졌습니다.

• 2013년 2월 11일 추기경단 회의, 베네딕토 16세

저는 제 행보가 지극히 중대하다는 것과 전례 없는 일임을 자각하면서 평온한 마음으로 식별 과정을 거쳤습니다.
교회를 사랑한다는 것은, 자기 자신이 아니라 교회의 선을 생각하면서
어렵고 고통스러운 선택을 할 용기가 있다는 뜻이기도 합니다.

• 2013년 2월 27일 마지막 일반알현, 베네딕토 16세

교황 선출 투표 중에 저는 상파울루 대교구의 대주교셨던 클라우디오 우메스 추기경 옆에 앉았습니다.
매우 좋은 친구이십니다. … 교황으로 선출되자 그분은 저를 껴안고 입을 맞추며
"가난한 사람을 잊지 마세요."라고 말씀하셨습니다.
그 말씀, 곧 가난한 사람, 가난한 사람이 제게 다가왔습니다.

• 2013년 3월 16일 언론인들에게

여러분도 아시다시피, 추기원의 임무는 로마에 주교를 뽑아 주는 것입니다.
나의 형제 추기경들이 로마의 주교를 찾기 위해서, 지구 끝까지 갔다 온 것 같습니다.

• 2013년 3월 13일 교황 선출 후 첫 축복(urbi et orbi)

저의 모토 '자비로이 선택하시니'(miserando atque eligendo)는 저에게 정말 참된 말씀입니다. …
'자비로이'에 해당하는 라틴어 동명사(miserando)는 이탈리아어나 스페인어로 옮기기는 불가능하지요.
저는 이 말을, 비록 존재하지 않는 동명사지만,
'불쌍히 여기시어'(misericordiando)로 바꿔서 옮기는 것을 좋아합니다.

• 2013년 8월 19일 인터뷰

이 주교가 여러분을 축복하기 전에 주님께서 저에게
강복해 주시도록 여러분이 기도해 주십시오.
여러분들이 나를 위해서 침묵으로 기도해 주십시오.

왜 나를 위해 기도해 달라고 요청하십니까

주교가 되면서 자주 그렇게 요청하기 시작했습니다. …
이 요청은 제 내면으로부터 나옵니다 …
이 요청은 습관입니다. 마음으로부터 나오는 습관이죠. …
모르겠습니다. 그냥 그렇게 됩니다.

⁕ 2013년 7월 28일 기자회견, 이탈리아행 귀국 비행기 안에서

〈새에게 설교하는 성 프란치스코〉, 조토 디 본도네

저에게, 프란치스코 성인은
가난의 사람, 평화의 사람, 피조물을 사랑하고 보호하는 사람입니다.
오늘날 우리는 피조물과 매우 좋은 관계를 맺고 있나요?
그분은 그런 평화의 영감을 주는 사람입니다.

• 2013년 3월 16일 언론인들에게

교황으로 선출된 결과를 받아들이겠느냐고 물었을 때 했던 말은 이렇습니다.
(그리고 프란치스코는 낮은 소리로 라틴어로 말했다.)
"저는 죄인입니다. 하지만 우리 주 예수 그리스도의
커다란 자비와 무한한 인내에 저를 맡기며, 참회의 정신으로 받아들입니다."
(Peccator sum, sed super misericordia et infinita patientia Domini nostri Iesu
Christi confisus et in spiritu penitentiae accepto)

• 2013년 8월 19일 인터뷰

나는 부에노스아이레스를 위하여 기도할 때마다,
항상 내가 이 도시에서 태어났다는 것에 먼저 감사하는 마음을 갖습니다

• 2011년 8월 25일 연설 (콜라조, 로각, 70쪽)

산만한 도시, 분산된 도시, 자기중심적인 도시가 부에노스아이레스입니다. …
이 산만하고 피상적인 도시는 스스로 깊은 비탄에 빠져야만 정화될 것 같습니다.

• 2005년 12월 30일 강론 (콜라조, 로각, 70쪽)

가난한 자는 힘든 일을 하면서 박해를 받는데, 부자는 정의를 실천하지도 않으면서 갈채를 받습니다.

• 2001년 아르헨티나 금융위기와 관련해 (번슨, 273쪽)

저는 아주 젊을 때 장상이 되고 나서,
예를 들자면 권위주의적인 실수를 많이 저질렀어요. …
그리고 저는 서로 대화를 나누고
다른 사람들의 생각에 귀를 기울여야 한다는 것을 배웠어요.

• 2014년 3월 31일 벨기에 청소년과의 대화

독재 정권과 공모한 주교들이 있었습니다. 그러나 베르고글리오는 그러지 않았습니다

• 교황이 선출되던 날, BBC 인터뷰, 아돌포 페레스 에스키벨
- 노벨 평화상 수상자이자 아르헨티나의 평화정의위원회장 역임

'해방신학'에 관하여 베르고글리오는 항상 신앙교리성의 가르침을 참고하였습니다.
그는 폭력의 대가는 가장 나약한 사람이 치른다고 말씀하시면서
항상 폭력을 거부했습니다.

• 페데리코 롬바르디 신부(번슨, 235쪽)

프란치스코 교황의 부모님 결혼 사진.
어머니 레지나 마리아 시보리와 아버지 마리오 주세페 베르고글리오

저는 단순하고 구체적으로 신앙 생활을 하던 가정에서 자라는 은총을 받았습니다.

• 2013년 5월 18일 성령강림 대축일 전야, 성 베드로 광장

저는 사람들과 함께하는 것을 좋아하며 특히 고통받는 사람들과 함께하기를 좋아합니다.
저도 울고 웃으며 잠을 청하는 사람입니다. 어울리는 친구도 있습니다. 그저 평범한 사람입니다.

• 2014년 3월 5일 이탈리아 일간지 인터뷰 (김종봉 27쪽)

누군가에게 어떤 일을 맡길 때, 저는 온전히 그 사람을 신뢰합니다.
저의 꾸지람을 듣기 위해서는 정말이지 커다란 잘못을 해야만 하지요.

• 2013년 8월 19일 인터뷰

인간이 가져야 하는 미덕 중에 최고의 미덕이 무엇이라고 생각하시나요?

다른 이에게 자신의 자리를 내어주는 사랑이라고 생각합니다.
그리고 이는 온화함에서 비롯되어야 합니다.
온화함은 저를 매료시킵니다.
그래서 저는 항상 하느님께 온화한 마음을 갖게 해달라고 기도합니다.

그렇다면 인간이 저지르는 죄 중에 가장 극악한 죄는 무엇입니까?

사랑을 최고의 미덕이라고 한다면 논리적으로 볼 때
가장 극악한 죄는 증오라고 해야 하겠지만,
저는 증오보다도 오만함을 가장 혐오합니다.

▪ 교황 선출 이전 대담 (루빈, 암브로게티, 215쪽)

우리 본당 신자들 모두 그를 뼛속까지 가난한 사람이며 열심히 기도하는 사람,
그리고 교육을 받은 사람이며 직관력이 탁월한 사람으로 알고 있습니다.

• 아르헨티나 예수회 수도원장인 앙헬 로시 신부

로마의 거리를 걷고 싶은 마음이 얼마나 자주 드는지 아세요?
부에노스아이레스에서 저는 거리에 나가는 것을 좋아했지요. 아주 좋아했어요. …
왜냐하면 저는 '카예혜로'(callejero), 곧 '거리의 사제'였거든요 …

• 7월 28일 기자회견, 이탈리아행 귀국 비행기 안에서

〈하얀 십자가〉, 마르크 샤갈

위대한 화가 가운데, 저는 카라바조를 칭송합니다.
그의 회화는 제게 말을 걸지요.
그러나 샤갈의 〈하얀 십자가〉도 좋습니다. 음악가 중에서는 물론 모차르트를 사랑합니다.
장엄미사곡 C단조 중 하나인 〈성령으로 나시고〉(Et incarnatus est)는 비할데가 없지요 …
베토벤도 자주 듣고 바흐의 수난곡도 자주 들어요.

• 2013년 8월 19일 인터뷰

나는 그냥 추기경들과 함께 버스를 타고 가겠습니다.

• 2014년 3월 13일 (콜라조, 로각, 169쪽)

저는 시간을 절약하기 위해 지하철을 주로 타지만, 버스 타는 것을 더 좋아합니다.
거리를 내다볼 수 있기 때문입니다.

• 교황 선출 이전 대담 (루빈, 암브로게티, 204쪽. 참조: 사베리오 가에타, 36쪽)

왜 늘 검은 가방을 직접 드십니까? 그리고 그 안에 무엇이 있는지 말씀해 주실 수 있나요?

핵폭탄 버튼이 들어 있지는 않아요!(웃음) …
안에 무엇이 있냐고요? 면도기, 성무일도, 수첩, 읽을 책이죠. …
저는 여행할 때 늘 가방을 들고 다녀요.
그게 정상이죠 … 우리는 정상적인 것에 익숙해져야 합니다.

◦ 7월 28일 기자회견, 이탈리아행 귀국 비행기 안에서

교황직 수행 처음 몇 달 동안 재발한 좌골신경통으로 큰 통증을 느끼셨어요.
의사들은 몸을 구부리지 말라고 조언했지요.
하지만 휠체어에 앉아 있는 병자들이나 유모차를 탄 아픈 아기들 앞에 가면
그들에게 몸을 굽히고 꼭 친근감을 표시하시죠.

• 2013년 3월 10일 프란치스코 교황의 특별보좌관 몬시뇰 알프레드 수에렙

이것은 예수님이 우리에게 남기신 유산입니다.
그분은 발을 씻어주는 일을 상징으로 만드셨어요.
노예들이나 식탁에서 시중을 드는 자들만이
이런 일을 했었습니다.
이렇게 우리는 서로에게 종이 되어야 합니다.

• 2014년 4월 17일 말씀

우리 공동체 안에서는 부자나 성공한 사람 또는
명망 있는 사람 앞에 무릎을 꿇고
조아리는 행동을 하지 맙시다.
대신에 겸손하고 도움이 필요한
사람들의 발을 씻어 드립시다.

• 2002년 부활 대축일 메시지 (콜라조, 로각, 177쪽)

저 또한 모든 해답을 가지고 있지 않을 뿐더러 모든 질문을 머리에 담고 있지도 않습니다.
저는 항상 스스로에게 더 많은 물음을 던지는데, 그러면 늘 새로운 질문이 생깁니다.

• 교황 선출 이전 대담 (루빈, 암브로게티, 91쪽)

나는 잘못을 범했고 지금도 범하고 있어요. …
유일하게 인간은 같은 자리에서 두 번 넘어지는 동물이지요.
왜냐하면 실수에서 즉각 배우지 못해서 그래요.

• 2014년 3월 31일 벨기에 청소년과의 대화

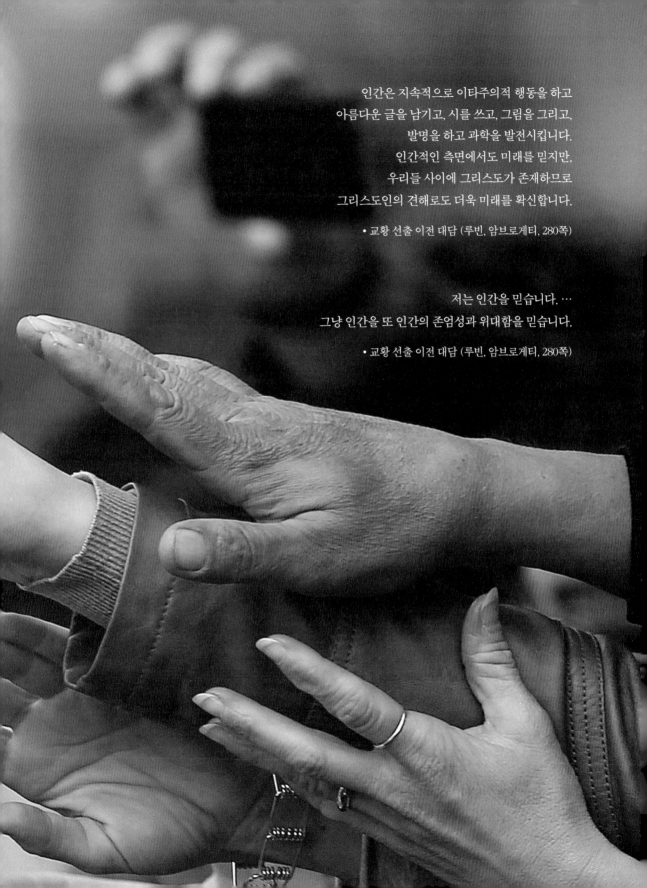

인간은 지속적으로 이타주의적 행동을 하고
아름다운 글을 남기고, 시를 쓰고, 그림을 그리고,
발명을 하고 과학을 발전시킵니다.
인간적인 측면에서도 미래를 믿지만,
우리들 사이에 그리스도가 존재하므로
그리스도인의 견해로도 더욱 미래를 확신합니다.

• 교황 선출 이전 대담 (루빈, 암브로게티, 280쪽)

저는 인간을 믿습니다. …
그냥 인간을 또 인간의 존엄성과 위대함을 믿습니다.

• 교황 선출 이전 대담 (루빈, 암브로게티, 280쪽)

2

하느님은 가난한 사람들을
사랑하는 사람들을 사랑하십니다

우리 그리스도교 신자들에게 가난은 사회
학적이거나 철학적이거나 문화적인 범주
가 아닙니다. 아니에요. 가난은 신학적 범
주입니다. 저는 첫째 범주라고 말하고 싶습
니다.

품어 주세요. 품어 주세요. 우리는 위기에
빠진 사람을 품는 법을 배워야 합니다. 성
프란치스코께서 하셨던 그대로 말이죠.

여러분은 그리스도인이라는 "상표"를 지닌
분입니까? 아니면 진리 안에서 그리스도인
입니까?

저는 하느님을 믿습니다.
저는 예수 그리스도와 그분의 복음을 믿습니다.
그리고 복음의 핵심은 가난한 사람에게 하신 선포입니다.
나에겐 복음의 핵심은 가난한 사람들입니다.

• 2014년 3월 31일 벨기에 청소년과의 대화

하느님은 가난한 사람을 사랑하십니다.
그리고 가난한 사람들을 사랑하는 사람들을 사랑하십니다.

· 2013년 6월 13일 페이스북 (김종봉 106쪽)

우리는 가난한 형제와 가난한 자매들 안에서 주님을 보기 때문입니다.

· 2013년 7월 21일 삼종기도

당신을 정통 신앙에서 일탈하게 만드는 것은 돈의 힘입니다.
그것은 믿음에서 떨어져 나가게 만들고,
결국 당신을 약하게 만들어 신앙을 잃게 합니다. …
누구도 돈으로 구원받을 수 없습니다.

• 2013년 9월 20일 강론

남녀 인간들은 이윤과 소비의 우상을 향한 제사에
바쳐지고 있습니다. 그것은 바로 "낭비의 문화"입니다.

• 2013년 6월 5일 일반알현

사람들은 소유에서 기쁨을 찾습니다.
그래서 최신형 스마트폰이나 더 빠른 스쿠터나 더 멋진 자동차를 찾습니다.
그러나 저는 여러분에게 말합니다.
신부나 수녀가 최신형 자동차를 타는 것을 보면 심기가 불편합니다.
그럴 수 없습니다. 그럴 수 없습니다.

• 2013년 7월 6일 신학생들과 남녀 수련자들과의 대화

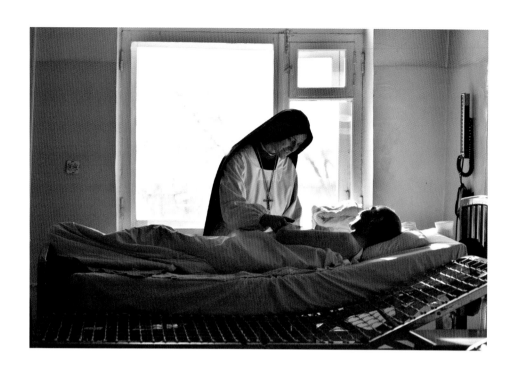

교황은 모든 사람을, 곧 부유한 이들과 가난한 이들을 똑같이 사랑하지만,
부유한 이들이 가난한 이들을 돕고 존중하고 북돋아 주어야 한다는 것을
그리스도를 대신하여 일깨워 줄 의무가 있습니다.

• 『복음의 기쁨』 58항

우리는 더 이상 시장의 눈먼 힘과 보이지 않는 손을 신뢰할 수 없습니다.
정의의 증진은 경제 성장을 전제로 하면서도 그 이상을 요구합니다.

• 『복음의 기쁨』 204항

콘클라베가 끝나고 숙박료를 직접 카드로 계산하는 교황 프란치스코

많은 곳에서 … 배척의 문화, "쓰고 버리는 문화"가 퍼지고 있습니다.
노인의 자리도 없고 원치 않는 아기를 위한 자리도 없습니다.
길거리의 가난한 사람 곁에 잠시 머물 시간도 없습니다.

• 2013년 7월 21일 삼종기도

사제 시절 아르헨티나에서 쓰던 방

돈은 봉사해야 하지 지배해서는 안 됩니다!

• 『복음의 기쁨』 58항

품어 주세요. 품어 주세요.
우리는 위기에 빠진 사람을 품는 법을 배워야 합니다.
성 프란치스코께서 하셨던 그대로 말이죠.

• 2013년 7월 24일 리우데자네이루

우리 그리스도교 신자들에게 가난은
사회학적이거나 철학적이거나 문화적인 범주가 아닙니다.
아니에요. 가난은 신학적 범주입니다.
그리고 첫째 범주라고 말하고 싶습니다.
왜냐하면 우리 하느님께서, 하느님의 아들이 우리와 함께 길을 가시려고,
스스로를 낮추어 가난하게 되셨기 때문입니다.

• 2013년 7월 21일 삼종기도

컴퓨터가 고장나면, 그것은 큰 슬픔입니다.
하지만 수많은 사람의 가난과 기막힌 이야기는 결국 정상적인 일로 치부됩니다.

• 2013년 6월 5일 일반알현

아주 추운 겨울날, 여기에서 가까운 곳에,
'옥타비아 길'에 한 사람이 굶어 죽는다면, 아무런 뉴스가 안됩니다.
세계 곳곳에서 먹을 것이 없어 굶주리는 어린이들도 더 이상 뉴스가 아닙니다.
오히려 정상으로 보이지요. 이래서는 안 됩니다!

• 2013년 6월 5일 일반알현

노숙자가 하나 죽었다면 뉴스가 되지 않지만, 주가가 10% 떨어졌다면 비극적 소식이 됩니다.
사람 한 명이 죽는 것은 아무런 뉴스가 안 되지만, 주가가 10% 떨어지면 비극이 되는 것입니다!
이런 식으로 사람은 마치 쓰레기처럼 버려지고 있습니다.

• 2013년 6월 5일 일반알현(참조 : 『복음의 기쁨』 53항)

구원은 거대한 제국의 변두리 작은 마을에 사는
보잘것없는 처녀가 말한 "예"를 통하여 우리에게 왔습니다.
구세주께서는 가난한 집의 아기들처럼
가축들 가운데에서 태어나 구유 안에 누워 계셨습니다.

　•『복음의 기쁨』197항

Robert Giacaman
25 May 2014

한 사람을 예로 들어 볼까요.
한 손으로는 교회를 돕는 것을 보여주면서,
다른 한 손으로는 '나라에서, 가난한 사람에게서' 훔칩니다.
이런 사람은 '불의한 자'입니다.
이런 자는 연자매를 목에 걸고 바다에 내던져지는 편이 낫습니다(루카 17,2).
제 말이 아니라 예수님의 말씀입니다.

• 2013년 6월 5일 일반알현

마르크스주의 이데올로기는 틀렸습니다.
하지만 저는 제 인생에서 인간적으로 좋은
마르크스주의자들을 많이 만났습니다.

• 2013년 12월 15일 인터뷰

두 달 전에 어떤 사람이 가난에 대한 저의 연설과
편애 때문에 "이 교황은 공산주의자로구나!"라고
말하는 것을 들었어요. 아닙니다.
이것은 공산주의가 아니라 복음의 특징입니다.
복음 말입니다!

• 2014년 3월 31일 벨기에 청소년과의 대화

어떤 노인도 우리 가정에서 "유배자"처럼 되어서는 안됩니다. 노인들은 사회의 보배입니다.

• 2014년 1월 11일 트윗

우리는 우리 신앙과 가난한 이들 사이에는 떼어 놓을 수 없는
유대가 있다는 사실을 주저 없이 밝혀야 합니다.
결코 가난한 이들을 저버리지 맙시다.

• 2013년 7월 21일 삼종기도

어떤 사람들은 전례, 교리, 교회의 특권에 지나치게 집착하는 모습을 보입니다.
그러면서도 복음이 하느님의 백성에게 그리고 현대의 구체적인 요구에
실제로 영향을 미치고 있는지에 대해서는 아무런 관심이 없습니다.
이렇게 하여 교회 생활은 박물관의 전시물이나 선택된 소수의 전유물이 되어 버립니다.

• 『복음의 기쁨』 95항

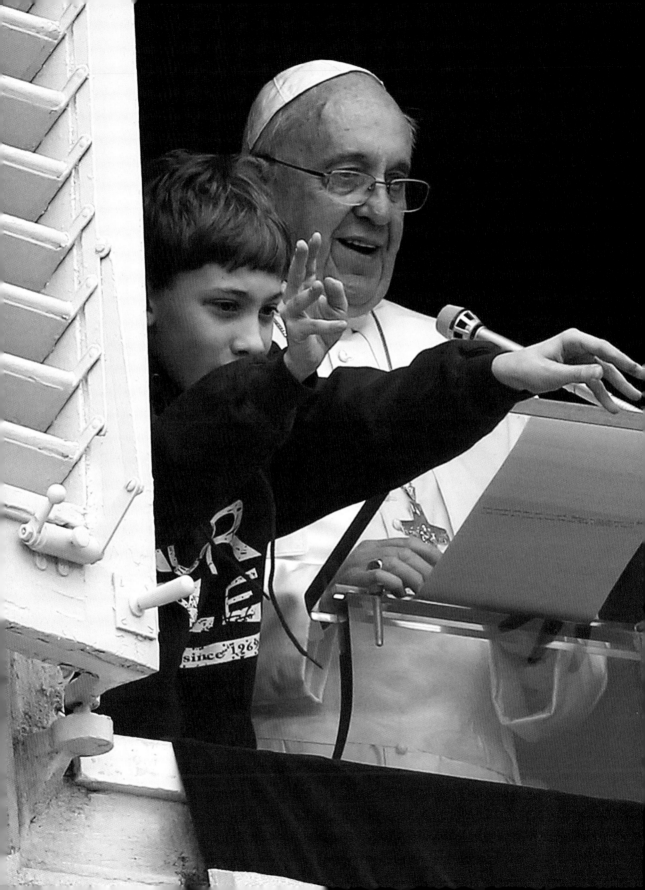

예수님은 당신의 선교를 중심에서 먼 곳에서 시작하실 뿐만
아니라 "별 볼일 없는" 사람이라고 할 수 있는 사람들에게서
출발하십니다. 그분은 첫 제자들이자 미래의 사도들을
선택하실 때, 서기관 학교와 율법 학자를 찾아가시지 않았고,
하느님 나라의 도래를 부지런히 준비하던
비천하고 가난한 사람들에게로 가셨습니다.

• 2014년 1월 26일 삼종기도

갈릴래아에서 시작하신 예수님은 하느님의 구원에서
아무도 제외되지 않음을 가르치십니다. 오히려 그 반대입니다.
하느님께서는 변두리에서, 꼴찌들을 선택하셔서
모든 사람에게 도달하십니다.

• 2014년 1월 26일 삼종기도

우리는 이 말씀을 잘 들어야 합니다!

각자가 자신만을 위해 재물을 쌓는다면 정의는 결코 없을 것입니다.

하지만 하느님의 섭리에 맡기면서 함께 그분의 나라를 추구한다면,

그때는 아무도 품위 있게 사는 데 부족한 것이 없을 겁니다.

＊ 2014년 3월 2일 삼종기도

만일 자신만을 위해서 재물을 쌓는다면, 하느님이 그를 부르실 때 무슨 일이 벌어질까요?

누구도 재물을 가지고 갈 수 없습니다.

아시겠지만, 수의(壽衣)에는 호주머니가 없으니까요!

＊ 2014년 3월 2일 삼종기도

저는 장례행렬을 따르는 이삿짐 트럭을 본 일이 없습니다.
우리가 생을 마감할 때 무엇을 지니고 갈 수 있을까요?
답은 단순합니다. 당신이 베푼 것만 가져갈 수 있습니다. 딱 그것뿐입니다.

‣ 2013년 6월 21일 강론

교황 요한 바오로 2세의 소박한 목관

자비는 편견보다 더 큽니다. 이것을 우리는 잘 배워야 합니다!
자비는 편견보다 더 크고, 예수님은 대단히, 대단히 자비로우십니다.

▸ 2014년 3월 23일 삼종기도

우리의 구원은 사회적 차원을 지니고 있습니다.

"하느님께서는 그리스도 안에서 개별 인간뿐만 아니라 사람들 사이의 사회적 관계도 구원하시기" 때문입니다.

◦ 『복음의 기쁨』 178항(177항 참조)

긍정적이 되십시오. 여러분의 영적 생활을 가꾸십시오.
동시에, 밖으로 나가서 타인을 만날 준비를 하십시오.
특히 가장 무시당하고 가장 불이익을 당하는 사람들을 만나십시오.

• 2013년 7월 6일 신학생들과 남녀 수련자들과의 대화

이 효용성과 낭비의 문화라는, 시대의 흐름을 거슬러 헤엄치는 용기를 지니십시오.

• 2013년 7월 27일 강론, 리우데자네이루

그러므로 어느 누구도 종교를 개인의 내밀한 영역에 가두어야 한다고 주장할 수 없습니다.
종교가 사회적 국가적 삶에 영향을 끼치지 말고, 국가 제도의 안녕에 관심을 갖지 말며,
사회에 영향을 미치는 사건들에 대한 의견을 표명하지 말아야 한다고
주장할 수는 없는 것입니다.

• 『복음의 기쁨』 183항

가톨릭 교회의 사회교리가 말하듯이, 정치는 사랑의 가장 높은 형태들 중 하나입니다.
왜냐하면 정치는 공동선에 봉사하기 때문입니다.

• 2013년 9월 16일 강론

2013년 10월 7일. 밀양 산외면 금곡리 헬기장 앞

누가 아시시의 프란치스코 성인이나 인도 콜카타의 마더 데레사 복자의 메시지가 들리지 않도록
성당 안에 가두어 버려야 한다고 주장할 수 있겠습니까.

『복음의 기쁨』 183항

얼마나 많은 "죽음의 장사꾼"들이 수단 방법을 가리지 않고 권력과 돈의 논리를 따르고 있습니까!
폭력을 조장하고 고통과 죽음의 씨앗을 뿌리는 마약밀매의 악은 전체 사회의 용기있는 행동을 요구합니다.

2013년 7월 24일 리우데자네이루

정치는 너무 더러워졌죠. 그러나 이렇게 말하고 싶어요. 그게 왜 더러워졌죠?
왜 그리스도인들은 복음적 영성으로 정치에 참여하지 않는 것이죠?

• 2013년 7월 7일 이탈리아와 알바니아 예수회 학교 학생들과의 대화

정치 참여는 그리스도인의 의무입니다.
우리 그리스도인은, 손을 씻어버리는 "빌라도의 역할"을 맡을 수 없습니다.

• 2013년 7월 7일 이탈리아와 알바니아 예수회 학교 학생들과의 대화

교회가 닫혀 있으면 병이 납니다.

병이 난다고요! 일 년 동안 꽉 닫아 놓은 방을 생각해 보세요.

그런 방은 습기로 눅눅하고 퀴퀴한 냄새가 납니다. 그렇지요. 닫힌 교회가 그와 같습니다.

병든 교회입니다.

교회는 문을 열고 밖으로 나가야 합니다.

• 2013년 5월 18일 성령강림 대축일 전야, 성 베드로 광장

집을 나서서 거리로 나가면 벌어질 수 있는 일이 교회에도 일어날 수 있습니다.
사고가 날 수 있다는 겁니다. 그러나 저는 말합니다.
스스로 갇혀서 병이 난 교회보다는 몇 가지 사고를 겪는 교회가 천 배나 낫다고 생각합니다.
나가십시오, 밖으로 나가십시오!

• 2013년 5월 18일 성령강림 대축일 전야, 성 베드로 광장(참조:『복음의 기쁨』 49항)

그분이 여러분을 인도하시도록 하세요.
이것이 어떤 전략보다도 중요합니다.
그분이 우리를 이끄시도록 할 때, 우리는 참된 복음화의 일꾼이 됩니다.

• 2013년 5월 18일 성령강림 대축일 전야, 성 베드로 광장

그리스도인의 성공은 인간적 실수를 통해
이루어집니다. 다른 종류의 성공,
이를테면 세상의 성공에 유혹을 받으면,
"십자가 없는 그리스도교"를 받아들이라는
유혹에 빠지게 됩니다.

• 5월 29일 강론

'주님, 주님'하고 외치기만 하고 말만 많은 사람은 천국에 가지 못합니다.
오히려 주님의 뜻을 실천하는 사람이 들어갑니다.

· 2014년 1월 9일 강론

"이름이 무엇입니까"라는 질문에 자신의 고유한 이름으로 대답하기보다
"XY은행에 계좌번호는…"이라고 대답하는 사람이 있어요.
또는 "재산이 많고 집도 여러 채"라고 대답하는 사람도 있죠.
모두 "물건으로, 곧 우상으로" 대답하는 것입니다.

· 2014년 3월 20일 강론

정당정치에 관여하지 말고 십계명과 복음서를 기반으로 한 위대한 정치에 참여하는 겁니다.
인권 유린, 착취, 배척, 교육과 식량의 부족을 고발하는 것은
정당정치를 하는 것이 아닙니다.
가톨릭 교회의 사회교리 요강을 보면 수많은 고발 건들이 있지만
그것은 어떤 당파를 따르는 것이 아닙니다.

• 교황 선출 이전 대담 (루빈, 암브로게티, 144쪽)

단일한 생각이라는 현상은 인류의 역사에서 불행한 결과를 낳았습니다.
지난 세기에 우리 모두는 단일한 생각이라는 독재가 결국
수많은 사람을 살해하는 결과를 낳았음을 목격했습니다.

• 2014년 4월 10일 강론

권력을 조금이라도 더 가진 사람은 남을 위한 봉사도 그만큼 더 많이 해야 합니다.

• 2005년 8월 7일 강론 (콜라조, 로각, 40쪽)

2014년 7월 8일 안산 단원고를 출발해 진도 팽목항을 거쳐 다시 대전까지 약 800킬로미터에 이르는 세월호 순례길.
아이들을 잃은 두 아버지는 8월 15일 대전에서 프란치스코 교황에게 이 십자가를 전달하고자 한다.

한국인들이 이 사건을 계기로 윤리적·영적으로 새롭게 태어나기를 바랍니다.

• 2014년 4월 24일 대전교구장 유흥식 주교와 만난 자리에서 세월호 사건을 언급하며

세상의 정신 안에 머물지 마십시오. 피상성 안에 머물지 마십시오.
우상숭배에 머물지 마십시오. 헛된 것에 머물지 마십시오.
그렇게 하지 마시고, 주님 안에 머무십시오.

• 2014년 1월 9일 강론

3

예수님이 주신 혁명만큼
강한 것은 없습니다

긍정적이 되십시오. 여러분의 영적 생활을 가꾸십시오. 동시에, 밖으로 나가서 타인을 만날 준비를 하십시오. 특히 가장 무시당하고 가장 불이익을 당하는 사람들을 만나십시오.

이 효용성의 문화, 낭비의 문화의 시류를 거슬러 헤엄치는 용기를 지니십시오.

하느님께서는 우리를 용서하시는 데에 결코 지치지 않으십니다. 오히려 우리가 하느님의 자비를 청하는 데에 지쳐 버립니다. 그러므로 지치지 맙시다.

하느님께서는 우리를 용서하시는 데에 결코 지치지 않으십니다.
오히려 우리가 하느님의 자비를 청하는 데에 지쳐 버립니다. 그러므로 지치지 맙시다.
그분은 언제나 용서하시는 아버지이시고, 그분의 마음은 우리를 향한 자비로 충만합니다.

• 2013년 3월 17일 삼종기도 (참조: 『복음의 기쁨』 3항)

하느님께서는 자비를 원하십니다. … 착한 사마리아인은 바로 이것을 행한 것입니다.
그는 하느님의 자비를 본받은 것입니다. 가난한 사람을 향한 그 자비를 말입니다.

◦ 2013년 7월 14일 삼종기도

오늘날 수많은 우상들이 길에 널려 있습니다. …
하느님 앞에서 우리 자신에게 물어봅시다.
무엇이 나의 숨겨진 우상인가?
주님의 자리를 차지하고 있는 그것은 무엇인가.

• 2013년 3월 17일 삼종기도 (참조:『복음의 기쁨』3항)

주님이 우리를 바라보시도록 그저 두세요.
그분이 우리를 바라보실 때, 우리에게 힘을 주십니다.
그분은 당신을 증언하시도록 우리를 돕습니다.

• 2013년 5월 18일 성령강림 대축일 전야, 성 베드로 광장

십자가도 없이, 예수도 없이, 포기함도 없이 …
그런 식으로 하면 우리는
'고급 과자점의 그리스도인'이 될 것입니다.
근사한 케이크처럼 예쁘고 달달하게 되겠죠.
정말 예쁠 것입니다.
그러나 그리스도교인은 아닙니다!

• 2013년 8월 18일 삼종기도

믿음은 꾸밈이나 장식적 요소가 아닙니다.
신앙을 사는 것은 종교라는 요소로
삶을 조금 꾸미는 것이 아닙니다.
마치 크림을 발라 케이크를 예쁘게
만드는 것이 될 수 없어요.
아닙니다. 그것은 믿음이 아니에요.

• 2013년 8월 18일 삼종기도

여러분은 그리스도인이라는 "상표"를 지닌 분입니까?
아니면 진리 안에서 그리스도인입니까? 각자 깊은 내면에서 대답해 보십시오.
"상표"의 그리스도인이 되지 마십시오.
마음속으로부터 진리의 그리스도인이 되십시오.

▸ 2013년 8월 25일 주일 삼종기도

"요나 증후군"은 예언자 요나가 지녔던 상태를 말합니다. …
백성의 회개를 위한 거룩한 열정은 없는 채, 거룩함을 추구하는 병을 말합니다.
저는 여기서 "세탁소의 거룩함"이란 말을 쓰려고 합니다.
무슨 뜻이냐면, 매우 예쁘고 깔끔하지만, 주님을 선포하러 나아갈 거룩한 열정이 없는 것을 말합니다.

• 2013년 10월 14일 강론

믿음은 하느님을 삶의 기준이자 근본으로 선택하는 것입니다.
하느님은 비어 있는 분도 아니고 중립적인 분도 아닙니다.
하느님은 언제나 적극적이십니다.
하느님은 사랑이십니다. 사랑은 늘 적극적입니다.

• 2013년 8월 18일 삼종기도

예수님은 꺼지지 않는 빛으로 우리의 삶을 비추어 주십니다.
그 빛은 불꽃놀이의 빛이 아니고 플래시의 빛도 아닙니다.
아니에요. 그 빛은 언제나 지속되면서 우리에게 평화를 주는 고요한 빛입니다.
그래서 예수의 문을 지나 안으로 들어가면 우리가 만나게 되는 그런 빛입니다.

  • 2013년 8월 25일 주일 삼종기도

정확히 말하면 당신이 바로 죄인이기 때문에 편애를 받습니다.
예수님께서는 항상 죄인을 더 사랑하시니까요,
언제나, 죄인을 용서하시려고, 죄인을 사랑하시려고 말입니다.

  • 2013년 8월 25일 주일 삼종기도

역사에 혁명가는 많습니다. 정말 많아요.
하지만 예수님이 주신 혁명만큼 강한 것은 없습니다.
역사를 바꾼 혁명이고, 인간의 마음을 깊숙이 변화시킨 혁명입니다.
역사의 혁명은 정치적·경제적 시스템을 바꾸었지만,
사람의 마음을 실제로 바꾸지는 못했습니다.

• 2013년 6월 17일 로마 교구

이 시대에 그리스도인이 혁명적이 되지 않는다면, 그는 그리스도인이 아닙니다!
그리스도인은 은총을 통해 혁명적이 되어야 합니다!
십자가에 못박히시고 돌아가시고 부활하신 예수 그리스도를 통해
아버지께서 주신 은총을 통해서만, 우리는 혁명적이 될 수 있습니다.

• 2013년 8월 25일 주일 삼종기도

우리는 '우리의' 아버지께 기도해야 합니다.
너무 일반적이고 익명적인 '모든이'의 아버지가 아니라,
당신을 낳으신 분, 당신에게 생명을 주신 분,
당신과 내게 생명을 주신 분'에게 기도해야 한다는 뜻입니다.

∙ 2013년 6월 20일 강론

그리스도는 온유하십니다. 그리스도는 관대하십니다.
그분은 마음이 넓은 분이십니다.
만일 마음이 좁은 그리스도인이 있다면 말이죠, 그는 이기주의를 사는 것입니다.
그리스도교로 위장한 이기주의 말이에요.

∙ 2013년 6월 17일 강론

약한 신앙의 가장 나쁜 적은 무엇일까요?
그것은 두려움입니다 두려워하지 마십시오!
우리는 약하고, 그 사실을 잘 알고 있습니다.
하지만 그분은 더 강하십니다!
우리가 그분과 함께 걷는다면 아무 문제가 없습니다.

• 2013년 5월 18일 성령강림 대축일 전야, 성 베드로 광장

제 체험을 말씀드릴게요.
저는 저녁에 감실 앞에서 주님께 기도하는데,
가끔은 주님 앞에서 조금 꾸벅거려요.
정말 그래요. 하루 동안의 피로로 졸음이 쏟아지지요.
하지만 그분은 저를 이해하십니다.
어느 순간 그분이 저를 바라보신다고
생각하면 무척 위로가 돼요.

• 2013년 5월 18일 성령강림 대축일 전야, 성 베드로 광장

우리가 그분에게 가면, 그분은 우리를 기다리십니다, 그곳에 먼저 와 계세요!
스페인어에는 이를 잘 설명하는 말이 있어요. 프리메레아(primerear)
– 주님은 언제나 우리보다 먼저 와 계시다,
그분은 먼저 오셔서 우리를 기다리고 계신다는 말이에요!

• 2013년 5월 18일 성령강림 대축일 전야, 성 베드로 광장

성인(聖人)이란 초인도 아니고 완벽하게 태어난 사람도 아닙니다. 우리와 같은 분들입니다. …
무엇이 그들의 인생을 바꿨을까요? 그들은 하느님의 사랑을 알게 되자,
그들은 온 마음을 바쳐, 주저함도 없고 위선도 없이 주님을 따랐던 것입니다.

• 2013년 11월 1일 삼종기도

하느님 자녀들 가운데 어느 한 명이라도,
하느님의 기억과 마음에서 지워 버릴 수 있는 사람은 없습니다.
그렇게 지워질 수 있는 직업도, 사회적 조건도, 그 어떤 종류의 죄나 범죄도 없습니다.
언제나 "하느님은 기억하십니다".

• 2013년 11월 3일 삼종기도

그분은 당신이 만드신 이들을 절대 잊지 않으십니다.
그분은 아버지이십니다. 하느님 자녀의 마음에서 집으로 돌아가고 싶은 마음이 들 때까지,
항상 깨어서 사랑으로 기다리는 분이십니다.

• 2013년 11월 3일 삼종기도

루카 복음 15장에 나오듯이, 하느님은 돈과 유산을 몽땅 챙겨 도망간 아들을 기다리는 아버지이십니다. …
그런 너그러운 아버지가 우리 하느님이십니다. …
그러므로 가정의 아버지도, 수도자와 사제와 주교의 부성(父性)도 그래야 합니다

• 2014년 2월 4일 강론

EATVS

PAVLVS PP.II

인간적인 눈으로 보면,
인간의 여정은 삶에서 죽음으로 옮겨간다고 할 수 있습니다. … 예수님은 이 시각을 뒤집으셔서,
우리의 여정이 죽음에서
삶으로 가는 것이라고 선포하셨습니다. …

• 2013년 11월 10일 삼종기도

그러니까 죽음은 우리 앞에 있는 것이 아니라
뒤에 있는 것입니다.
우리 앞에는 살아 계신 하느님, 계약의 하느님,
내 이름과 우리의 이름을 지닌 하느님이 계십니다.

• 2013년 11월 10일 삼종기도

주님께서는 당신을 부르십니다. 주님께서는 당신을 찾으십니다.
주님께서는 당신을 기다리십니다.
주님께서는 개종을 강요하지 않으시고, 사랑을 주십니다.

· 2014년 1월 6일 삼종기도(참조:『복음의 기쁨』14항)

(카라바조의 그림을 예로 들어)
마태오가 예, 하고 모든 것을 버리고 주님과 함께 나서는 데는 한순간이면 족했어요.
그 순간은 자비를 살고 자비가 주어지는 순간이었습니다.
"저는 당신과 함께 가겠습니다"

· 2013년 7월 5일 강론

〈성 마테오의 소명〉, 미켈란젤로 메리시 다 카라바조

그리스도인이 된다는 것은 말씀을 따른다는 것에 그치지 않습니다.
그리스도인이 된다는 것은 그분처럼 생각하고
그분처럼 행동하고 그분처럼 사랑한다는 것을 뜻합니다.

• 2013년 4월 10일 일반 알현

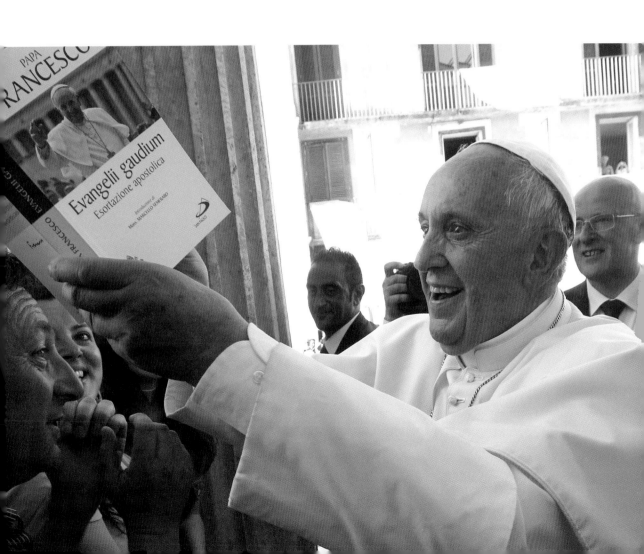

4

저는 교회를
야전병원이라 봅니다

지금 우리는 우리 안에 든 99마리 양을 두고 한 마리 양을 찾아나서는 선한 목자의 비유와 정 반대 상황에 당면해 있습니다. 현재 우리 안에는 단 한 마리 양이 있을 뿐이고 99마리 양이 길을 잃었는데 찾아나서지 않습니다.

오늘날 우리 모두를 위험에 빠뜨리는 거대한 위험을 벗어야 합니다. 그것은 바로 세속화의 위험입니다.

수백만 명의 어린아이들이 굶주림으로 고통받는데도 차를 마시며 고상하게 신학을 토론하는 신자들이 되는 것은 큰 문제입니다.

저는 교회를 야전병원이라 봅니다.
중상을 당한 사람에게 콜레스테롤 수치나 혈당 수치에 대해서
묻는다면 쓸모없는 일을 하는 것입니다.
우리는 그의 상처를 치유해야 합니다.

• 2013년 8월 19일 인터뷰

그리스도교는 개념만의 종교도, 순수한 신학의 종교도,
미학의 종교도, 계명의 종교도 아닙니다.
 우리는 예수 그리스도를 따르는 백성으로서,
증거하는 사람입니다.
예수 그리스도를 증거하길 원하는 사람들입니다.
그리고 이 증거가 때때로 생명을 내어놓게 합니다.

• 2014년 5월 6일 강론

우리는 우리 자신으로부터 나와서 인간의 거리로 가야 합니다.
그래서 오늘날 배고픔과 목마름에 주린 사람들, 벌거벗고 비참해지고
노예가 된 사람들의 몸에서, 감옥과 병원에서,
예수님의 상처를 볼 수 있다는 사실을 발견해야 합니다.
그 상처에 손을 대어 부드럽게 어루만질 때,
우리 사이에 살아계신 하느님을 찬미할 수 있습니다.

• 2013년 7월 3일 성 토마스 사도 축일 강론

자선을 실천하십니까? ⋯ 그러면 말씀해 보세요.
자선을 행할 때, 도움받는 이의 눈을 바라보십니까? ⋯
자선을 행할 때, 도움받는 이의 손을 만지십니까?
아니면 그냥 동전을 툭 던져버립니까?

• 2013년 5월 18일 강론

오늘날 교회는 무엇을 벗어버려야 합니까?
오늘날 모든 교회의 모든 사람, 우리 모두를 위험에 빠뜨리는 거대한 위험을 벗어야 합니다.
그것은 바로 세속화의 위험입니다. 그리스도교인은 세속의 정신과 함께 살 수 없어요.
그것은 우상입니다. 하느님이 아닙니다.
그것은 우상입니다! 우상 숭배는 가장 큰 죄입니다!

• 2013년 10월 4일 가난한 사람들에게

혼인을 준비하려고 성당에 온 한 쌍이, 축복과 도움을 받기도 전에,
서류와 온갖 가격표를 보는 경우를 생각해 보세요.
"그들은 닫힌 문을 발견한 것입니다."
"새 결혼에 감사하고 문을 열어주어야 할 사람들이" 실패한 것입니다.

• 2013년 5월 25일 강론

미혼모가 세례를 받게 해 주고 싶어서 아기와 함께 성당을 방문했는데,
혼인을 하지 않았다는 이유로 거절당한 경우를 생각해 보세요.
"임신을 유지하고 낙태를 하지 않은 이 여인의 용기를 보세요"

・2013년 5월 25일 강론

예수님은 7성사를 세우셨습니다.
그런데 우리는 닫힌 태도로 8번째 성사를 세웁니다.
바로 사목적 세관의 성사입니다.

・2013년 5월 25일 강론

매우 지혜로운 신부님 한 분이 제게 말씀하시길,
지금 우리는 우리 안에 든 99마리 양을 두고
한 마리 양을 찾아나서는 선한 목자의 비유와 정반대 상황에 직면해 있다고 하셨습니다.
현재 우리 안에는 단 한 마리 양이 있을 뿐이고
99마리 양이 길을 잃었는데 찾아나서지 않는다는 것이지요.

• 교황 선출 이전 대담 (루빈, 암브로게티, 129쪽)

그리스도적 사랑은 언제나 하나의 특성이 있어요.

바로 구체성입니다.

예수님 자신이 사랑에 대해서 말씀하실 때 우리에게 구체적인 것들을 말씀하십니다.

굶주린 이들에게 먹을 것을 주고, 병자들을 찾으라고 하시죠.

◦ 2014년 1월 9일 강론

구체적인 사랑을 아는 두 가지 기준이 있습니다.
첫째 기준은 말을 통해서가 아니라 사랑의 실천을 통해서 사랑하기입니다.
말은 바람에 날려가 버립니다. 오늘은 여기 있지만 내일은 사라져버립니다.

· 2014년 1월 9일 강론

세례성사의 첫 번째 열매는 교회에, 하느님 백성에 속하는 것입니다.
그러므로 교회 없는 그리스도인은 생각할 수 없습니다.

• 2014년 1월 30일 강론

토마스 아퀴나스 성인은 ... 아우구스티노 성인의 말씀을 인용하여
"하느님의 자비는 우리 종교가 자유롭게 되기를 바라셨다."고 하며,
교회가 나중에 추가한 규범들이 "신자들의 삶에 짐이 되지 않도록"
그리고 우리 종교를 종살이로 만들지 않도록 신중해야 한다고 강조하였습니다.

• 『복음의 기쁨』 43항

정통 교리의 옹호자들은 가끔 수동적이라거나 특권층이라는 지탄을 받으며,
무참한 불의의 상황과 그 불의를 지속시키는 정치 체제와 관련하여
공모자라는 비난을 받습니다.

• 『복음의 기쁨』 194항

이것을 기억합시다.
유혹의 순간에, 우리가 유혹을 당하는 순간, 사탄과 씨름할 필요는 없어요.
그 대신 언제나 하느님의 말씀으로 방어해야 합니다!
이것이 우리를 구원할 것입니다.

• 2014년 3월 9일 삼종기도

마피아 갱단에게 말합니다. 제발, 삶을 바꾸십시오.
회개하고, 그만 두십시오. 악을 행하지 마십시오!

• 2014년 3월 21일 연설

높아지려는 사람은 먼저 다른 사람을 섬기라는 성경 말씀이 있습니다.
제가 여러분의 발을 씻겨 드린 것은 종으로서 여러분을 섬긴다는 뜻입니다.

• 2013년 3월 28일 강론 (김종봉, 35쪽)

수백만 명의 어린아이들이 굶주림으로 고통받는데도
차를 마시며 고상하게 신학을 토론하는 신자들이 되는 것은 큰 문제입니다.

◦ 2013년 5월 18일 강론 (김종봉 89쪽)

밖으로 나가기, 전진하기, 장애를 넘기. 이것은 좋은 그리스도인이 지녀야 될 태도입니다.
왜냐하면 이게 바로 그리스도인의 정체성이기 때문입니다.
그래요, 길을 가지 않는 그리스도인, 전진하지 않는 그리스도인은 "정체성에 병이 난" 사람입니다.

· 2014년 2월 14일 강론

수많은 신부님들이 하는 좋은 일이 신문에 나오나요?
수많은 신부님들이 도시와 시골의 수많은 본당에서 하는 일들요?
… 아니죠! 그건 뉴스가 아니에요. … 천천히 자라나며 성숙하는 전체 숲보다,
쓰러지는 나무 한 그루가 더 시끄러운 법이에요."

• 2014년 1월 27일 강론

그리스도인의 가장 큰 특징은 바로 일관성이어야 합니다.
인생의 모든 것에서, 우리는 그리스도인답게 생각하고 그리스도인답게 느끼고
그리스도인답게 행동해야 합니다. 이것이 그리스도교적 삶의 일관성입니다.
그리스도인은 그의 행동과 느낌과 생각으로 주님의 현존을 느낄 수 있게 해야 합니다.

• 2014년 2월 27일 강론

5

사제들에게 양의 냄새가 나는
목자가 되라고 요청합니다

성직자들이 빠질 수 있는 유혹중 하나가 바
로 목자가 아닌 관리자가 되는 것입니다.

평신도는 강론을 듣는 것이 어렵고 사목자
는 강론을 하는 것이 어렵습니다. 사정이
이렇다는 것이 유감입니다.

문제는 수단을 입느냐 안 입느냐가 아닙니
다. 사람들을 위해 일하려고 소매를 걷느냐
안 걷느냐가 중요합니다.

인간적인 수녀의 표시는 무엇일까요? 기쁨
입니다. 기쁨입니다.

이 성 목요일에 사제들에게 양의 냄새가 나는 목자가 되라고 요청합니다.

◦ 2013년 6월 17일 로마 교구

문제는 수단을 입느냐 안 입느냐가 아닙니다.
사람들을 위해 일하려고 소매를 걷느냐 안 걷느냐가 중요합니다.

추기경 시절, 갓 사제 서품을 받은 신부에게 (가에타 54쪽)

저는 사제들에게 고해소가 고문실이 아니라
주님의 자비를 만나는 장소가 되어야 한다는 것을 일깨우고 싶습니다.
주님의 자비는 우리가 최선을 다하도록 북돋아줍니다.

• 『복음의 기쁨』 45항

성직자들이 빠질 수 있는 유혹 중 하나가 바로 목자가 아닌 관리자가 되는 것입니다.

• 교황 선출 이전 대담 (루빈, 암브로게티, 128쪽)

자기 집에만 칩거하고 있는 목자는 진정한 양치기 목자가 될 수 없습니다.
그는 다른 양을 찾아나서는 대신 우리 안에 있는 양들의 털만 매만져주는 미용사일 뿐입니다.

• 교황 선출 이전 대담 (루빈, 암브로게티, 130-131쪽)

만일 한 사제가 그의 공동체에 더 아버지가 아니라면,
한 수녀가 그와 함께 일하는 모든 사람에게 어머니가 아니라면,
그들은 슬프게 됩니다. 그것은 문제입니다. …
풍요로움을 낳지 못하는 신부나 수녀는 생각할 수도 없습니다.
그것은 가톨릭이 아닙니다! 가톨릭이 아니라구요!

• 2013년 7월 6일 신학생들과 남녀 수련자들과의 대화

사제독신제가 폐지될 경우 더 이상 혼자 있지 않아도 되고
부인을 맞이할 수 있을 것이라고 말씀하시는 것을 들은 적이 있습니다.
그렇지만 그 경우 부인만 얻는 것이 아닙니다. 보너스로 장모님도 얻게 되겠지요. (웃음)

• 교황 선출 이전 대담 (루빈, 암브로게티, 162쪽)

부패한 그리스도인들,
부패한 사제들이 교회에 얼마나 해를 끼칩니까!
그들은 복음의 정신으로 살지 않고, 세속의 정신을 따릅니다. …
그것은 반짝이는 칠을 한 부패덩어리입니다.
타락한 삶입니다.
예수님은 이들을 '죄인'이라고 하지 않고,
'위선자들'이라고 하셨습니다.

◦ 2013년 11월 11일 강론

어떤 사제가 "여기서는 내가 명령합니다" 하는 식으로
자기 생각을 강요하게 되면
그는 결국 성직 우월주의에 빠지게 됩니다. …
건강한 자율성은 개인의 고유한 능력이 존중되는
건강한 평신도 정신입니다.

◦ 가에타, 67쪽

평신도는 강론을 듣는 것이 어렵고 사목자는 강론을 하는 것이 어렵습니다.
사정이 이렇다는 것이 유감입니다.

  • 『복음의 기쁨』135항

많은 평신도가 사도직 활동을 맡아 달라는 부탁을 두려워하고
그들의 자유 시간을 빼앗길지도 모른다며 책임 맡기를 꺼려 합니다.…
이와 비슷한 일이 사제들에게도 벌어지고 있습니다.

  • 『복음의 기쁨』80항

추기경 직분은 승진도, 명예도, 장식도 의미하지 않습니다.
그것은 시선을 확장하고 마음을 열 것을 요구하는 단순한 봉사입니다.

• 2014년 1월 12일 추기경 지명자들에게 보낸 편지

그리스도의 마음은 사랑을 위해 자신을 "비운" 하느님의 마음입니다.
예수님을 따르는 우리 예수회원 각자는 자기 자신을 비울 준비를 해야 합니다.
우리는 이 낮춤으로, "비워진" 존재들이 되도록 부름 받았습니다.
자기 자신에게 집중하여 살아서는 안 되는 사람들입니다.

• 2014년 1월 3일 강론

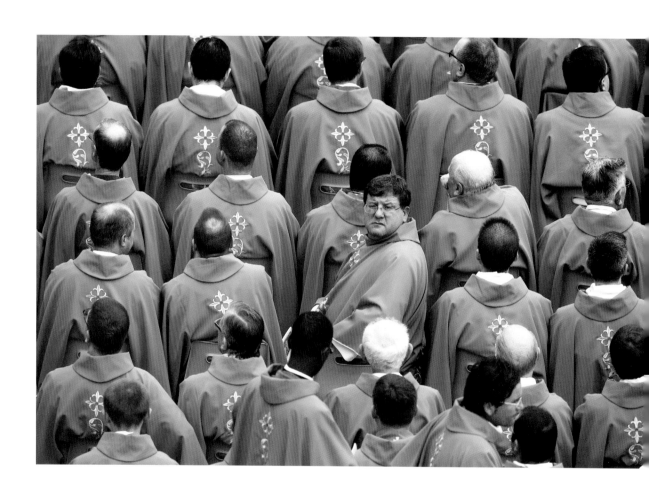

사제는 예수님이 당신의 가난으로 그를 부유하게 해 주시지 않으면 가장 가난한 자입니다.
예수님께서 벗이라고 부르지 않으신다면 가장 쓸모없는 종입니다.
예수님께서 베드로처럼 인내롭게 가르치시지 않는다면 가장 어리석은 자입니다.
착한 목자께서 그를 양떼 가운데서 힘을 주시지 않는다면 실패한 그리스도인입니다.
자기 자신의 방식만을 고집하는 사제보다 더 "비천한" 사람은 없습니다.

• 2014년 4월 17일 강론

우리의 사제적 기쁨에서 저는 세 가지 특징을 발견합니다.
그것은 우리에게 거룩한 기름을 붓는 기쁨이요, 멸망하지 않는 기쁨이며,
모두를 비추고 끌어당기는 선교적 기쁨입니다
(우리를 번질거리고, 호화롭고, 건방지게 되도록 "기름칠하는" 것이 아닙니다).

• 2014년 4월 17일 강론

언론에서 교회에 대해서 말할 때, 교회는 신부, 수녀, 주교, 추기경 그리고 교황으로 이루어지는 줄 압니다.
그러나 제가 말했듯, 우리 모두가 교회입니다.

• 2013년 10월 4일 가난한 사람들에게

인간적인 수녀의 표시는 무엇일까요? 기쁨입니다. 기쁨입니다.
기쁨이 있다면요! 저는 기쁘지 않은 수녀님을 만나면 슬퍼집니다.
아마도 제게 미소는 지으시겠지요. 그러나 항공기 승무원의 미소일 뿐입니다.
기쁨의 미소가 아니에요. 내면으로부터 나오는 그런 기쁨 말입니다.
늘 예수 그리스도와 함께하세요.

• 2013년 10월 4일, 글라라회 수녀님들에게

수녀들이 없는 교회를 생각해 보세요!
생각할 수 없지요. 수녀들은 하느님 백성을 이끌어가는 선물이요 누룩입니다.
자기 삶을 하느님께 봉헌하는, 예수님의 메시지를 전달하는 이 여성들은 위대합니다.

• 2014년 2월 2일 삼종기도

여성이 없는 교회는, 마리아께서 빠진 사도단과 같습니다.
교회 안에서 여성의 역할은 곧
가정의 어머니에 국한되지 않고, 훨씬 큽니다.
그것은 동정녀 마리아의 이콘과 같습니다.
교회가 자라도록 돕는 천주의 모친이시죠!

⟡ 7월 28일 기자회견, 이탈리아행 귀국 비행기 안에서

여성 없이 교회를 이해할 수 없습니다.

• 7월 28일 기자회견, 이탈리아행 귀국 비행기 안에서

저는 교회 안에서 여성에 대한 신학이 깊이 발전되지 않았다고 믿습니다. …
심원한 여성의 신학이 발전되어야 합니다.

• 7월 28일 기자회견, 이탈리아행 귀국 비행기 안에서

여성의 사제서품에 대해서 교회가 말했지요. 답은 "아니오"였습니다.
요한 바오로 2세께서 아주 분명한 형태로 말씀하셨어요. 그 문은 닫혔습니다.
하지만 저는 이 문제에 대해서 뭔가 말씀드리고 싶어요.
이미 말한 것이지만 다시 한 번 말씀드리죠.

• 7월 28일 기자회견, 이탈리아행 귀국 비행기 안에서

천주의 모친이신 마리아님은 사도들, 주교들, 신부들보다 더 중요하십니다.
교회 안의 여성은 주교나 신부보다 중요합니다. 어떻게요?
바로 이 점이 우리가 더 명료하게 설명해야 하는 점입니다.
왜냐하면 이 점에 대해서 신학적 설명이 빠져 있기 때문입니다.

• 7월 28일 기자회견, 이탈리아행 귀국 비행기 안에서

"너희가 나를 뽑은 것이 아니라 내가 너희를 뽑아 세웠다."
(요한 15,16)하고 예수님께서는 말씀하십니다.
이 말씀은 우리 부르심의 원천으로 되돌아가는 것입니다.
이런 이유로 주교, 사제, 축성 생활자, 신학생은 "건망증"에 빠질 수 없습니다.

• 7월 28일 기자회견, 이탈리아행 귀국 비행기 안에서

오늘날의 세계는 증거를 매우 필요로 합니다. 교사보다는 증거자를 필요로 합니다.
말을 많이 하기보다, 삶 전체를 통해 말해야 하며 일관되게 살아야 합니다.
곧 우리는 일관되게 살아야 합니다.

• 2013년 5월 18일 성령강림 대축일 전야, 성 베드로 광장

202

함께 사는 데 필수적 말은 "미안해요", "실례해요",
"감사해요"입니다.
가정 안에서 이 세 말을 말한다면,
그 가정은 괜찮을 것입니다.
"미안해요", "실례해요", "감사해요".
우리는 "감사해요"라는 말을
가정에서 얼마나 자주 합니까.

· 2013년 9월 20일 강론

우리의 작은 아이들과 노인들을 보살피는 것이 문명의 선택입니다.
또한 미래를 위한 일이기도 합니다.

　• 7월 28일 기자회견, 이탈리아행 귀국 비행기 안에서

여러분, 가족들에게 묻고 싶습니다. 가정에서 함께 기도하십니까.

　• 2013년 10월 27일 가정의 날 강론

너 그거 들었어? … 너 그거 들었어" 하며 몰래 험담하고 다니면,
공동체는 지옥이 됩니다. 그것은 좋지 않아요.

• 2013년 7월 6일 신학생들과 남녀 수련자들과의 대화

자매나 형제와 다퉜으면, 당사자에게 얼굴을 보고 말하세요.
또는 도움을 줄 수 있는 사람에게 말하세요.
하지만 "그 사람을 먹칠하기" 위해서 다른 사람에게 말하지 마세요.

• 2013년 7월 6일 신학생들과 남녀 수련자들과의 대화

험담은 사람을 죽일 수 있습니다. 왜냐하면 사람의 명성을 죽이기 때문입니다!

• 2014년 2월 16일 삼종기도

떠도는 그리스도인들이 있습니다.
마치 실존적 관광객처럼, 목적도 결말도 없이, 여기저기 돌아다닙니다.
그들은 약속을 진지하게 받아들이지 않아요. 여기저기 떠돌아다니죠.
"나는 걷고 있어."라고 말하며 스스로를 속입니다.
아닙니다, 당신은 걷고 있지 않습니다. 당신은 떠돌고 있습니다!

• 2013년 3월 31일 강론

회개해야 한다면, 또는 잘못된 길로 들어섰다면,
또는 내가 "신학적 관광객"이었다면,
곧 평생을 떠돌다가 결국 나아가지 못하는 사람이었다면,
가서 고백성사를 보고, 다시 올바른 길을 가세요.

• 2013년 3월 31일 강론

다른 사람을 나쁘게 말하는 것은 그를 팔아먹는 것과 같습니다.
마치 유다가 은전 서른 닢에 예수님을 판 것처럼 말입니다.

• 2013년 3월 27일 강론

약간 우스갯소리로 말하자면, '박쥐 그리스도인'이 있어요.
주님 현존의 빛보다는 그늘을 더 좋아하는 사람들이죠.

• 2014년 4월 24일 강론

교회 안에는 줄을 타고 올라가려는 사람들이 있어요!
차라리 북쪽으로 가서 진짜 등산을 하세요.
그것이 더 건강하죠! 하지만 줄타기를 하려고 교회에 오지는 마세요!
예수님은 권력을 추구하는 이런 줄타기꾼을 꾸짖으십니다.

• 2014년 5월 5일 강론

우리가 십자가 없이 나아가고, 십자가 없이 건설하고,
십자가 없이 그리스도를 고백하면 우리는 주님의 제자가 아니라
세속적인 사람입니다. (이런 사람은) 주교나, 신부나, 추기경이나,
교황일 수는 있지만, 주님의 제자는 아닙니다.

• 2013년 3월 14일 강론

교회는 과거에도 박해를 받았고,
현재도 받고 있고, 미래에도 받을 것입니다.

• 2007년 4월 23일 강론 (콜라조, 로각, 88쪽)

스페인어로 '권위'를 뜻하는 autoridad는
'성장하게 하다'는 라틴어 augere에서 유래했습니다.
권위를 가진 자란 바로 성장할 수 있는 공간을
창출해내는 능력을 갖춘 자입니다.

• 교황 선출 이전 대담 (루빈, 암브로게티, 111-112쪽)

나는 여러분이 사도적 미라가 되지 않기를 바랍니다.
제발 그렇게 되지 마십시오! 박물관에 가면 더 훌륭한 미라들이 많기 때문입니다.

• 2005년 3월 12일 연설 (콜라조, 로각, 76쪽)

6

어떻게 이 사랑을 다른 이들과
나누지 않을 수 있겠습니까?

◀ 당신이 응원하는 팀이 골을 놓으면 목청껏 소리 지를 능력이 있으면서, 주님께 찬미의 노래를 부를 능력이 없어요?

◀ 참 기쁨은 물건이나 소유에서 오지 않습니다. 참 기쁨은 타인과의 만남과 관계에서 태어납니다. 그것은 받아들여지고 이해되고 사랑받는 느낌에서 그리고 받아들이고 이해하고 사랑하는 것에서 태어납니다.

◀ "너 그거 들었어? … 너 그것 들었어?" 하며 몰래 험담하고 다니면, 공동체가 지옥이 됩니다.

◀ 군말 없이 이를 실천합시다. 해설하지 말고 실천합시다.

기쁘게 그분을 맞이합시다.
그분은 우리를 바꾸실 수 있습니다.
돌 같은 우리의 마음을 살로 된 마음으로
변화시키실 수 있습니다.
우리를 이기주의에서 해방시키실 수 있으며,
우리의 삶으로 사랑의 선물을 만드실 수 있습니다.
예수님은 그렇게 하실 수 있습니다.
예수님께서 그대를 바라보시도록 두세요.

· 2013년 11월 3일 삼종기도

우리 가운데, 신앙의 길에서 불안과 방황과
심지어 의심을 체험하지 않은 사람이 누가 있습니까?
우리 모두가 그런 체험을 했습니다. 저도 마찬가지입니다.
이것은 신앙의 길의 일부이고, 우리 삶의 일부입니다.
누구도 이런 점에 대해 놀랄 필요가 없습니다.
왜냐하면 우리는 나약하고 한계를 지닌 인간이기 때문입니다.

· 2013년 10월 30일 일반알현

참 기쁨은 물건이나 소유에서 오지 않습니다.
참 기쁨은 타인과의 만남과 관계에서 태어납니다.
그것은 받아들여지고 이해되고 사랑받는 느낌에서
그리고 받아들이고 이해하고 사랑하는 것에서 태어납니다.

· 2013년 7월 6일 신학생들과 남녀 수련자들과의 대화

그리스도께서 삶의 중심에 있지 않으시면,
다른 것들이 자리를 잡게 됩니다.
그래서 오늘날 우리는 "그리스도 없는,
예수 없는 그리스도인"을 많이 만나게 됩니다.

• 2013년 9월 7일 강론

그리스도 없는 그리스도인 가운데는
오로지 신심만 추구하는 사람들이 있습니다.
예수는 없어요. … 여러분의 신심이
예수께로 이끌면 좋은 것입니다.
그러나 그 신심이 지금 여러분이 있는 곳에 머물게 만들면,
그건 옳지 않은 것입니다.

• 2013년 9월 7일 강론

"그리스도 없는 그리스도인"의 다른 부류는 무언가 드물고
특별한 것, 곧 사적 계시를 찾는 것입니다.
계시는 신약성경으로 완성되었는데 말입니다.
이들은 "계시의 구경거리"를 찾고 싶은 사람들입니다.
이런 분들은 복음서를 들고 읽으세요!

• 2013년 9월 7일 강론

오늘날 이 세계에는 "부활 없는 그리스도인들"이 많습니다.
"부활하신 그리스도 없는 그리스도인들"이란 예수의 무덤까지 가서 우는 사람들입니다.
그들은 예수를 무척 사랑합니다. 그러나 그 이상 나아가지 못합니다.

• 2013년 9월 10일 강론

마음이 닫혀 있으면 말이죠, 모든 새로운 것과, 예언자가 예언한 모든 것에 정신을 닫습니다.
이것은 닫힌 정신과 마음의 비극입니다.
마음과 정신이 닫혀 있으면 하느님을 위한 자리가 없습니다.
그러면 우리는 그냥 이 상태로 머물러 있게 됩니다.
"사람들은 내가 말한 것을 해야 해."라고 확신하거나,
"윗사람이 시킨 것만 하면 돼."라고 확신하게 됩니다.

• 2014년 4월 10일 강론

하지만 그와 똑같은 방식으로, 교회적 봉사에서 오로지 활동에만 주의를 기울일 때,
일과 기능과 구조에 더 무게를 둘 때,
그래서 그리스도께서 중심임을 잊어 버리고 기도 안에서 그분과의 대화를 위한 시간을 내지 않을 때,
가난한 형제들 안에 계신 하느님이 아니라 자기 자신을 섬길 위험이 있습니다.

• 2013년 7월 21일 삼종기도

더 이상 젊지 않은 우리에게서 배우지 마세요.
우리 늙은이들이 하는 스포츠, 곧 한탄이라는 스포츠를 하지 마세요.
"한탄의 여신"에게 바치는 의례를 배우지 마세요.
한탄이라는 여신은 언제나 불평과 함께 옵니다.

• 2013년 7월 6일 신학생들과 남녀 수련자들과의 대화

<의심하는 도마>, 미켈란젤로 메리시 다 카라바조

우리는 예수의 상처에 손을 대야 합니다.
우리는 예수의 상처를 부드럽게 쓰다듬어야 합니다.
우리는 예수의 상처를 다정하게 치유해야 합니다.
우리는 예수의 상처에 문자 그대로 입을 맞춰야 합니다.

• 2014년 3월 23일 삼종기도

흥미롭게도, 예수님이 부활하셨을 때, 그분은 지극히 아름다우셨어요.
그분의 몸에 피가 흐르지도 않았고, 상처도 없었어요. … 아무것도 없었지요!
그분은 그전보다 더 아름다우셨어요!
오직 그분은 오상만을 지니길 원하셨고, 오상을 하늘로 가져가셨습니다.
예수님의 오상은 여기 있었고, 이제 아버지와 함께 하늘에 있습니다.

• 2013년 10월 3일 아시시

때때로 우리는 너무 메마르고 무심하고 고립되어,
형제애를 전달하기보다는 불쾌함과 차가움과 이기주의를 전파합니다.
불쾌함과 차가움과 이기주의로는 교회가 자랄 수 없어요.
교회는 오로지 성령이 주시는 사랑으로만 자랍니다.

• 2013년 11월 6일 일반알현

이른바 순교에서는 사랑이 폭력을 이기고, 생명이 죽음을 이깁니다.
교회는 순교의 희생자들이 "하늘에서 다시 태어남"을 봅니다. …
예수님은 당신을 사랑하는 사람들의 죽음을 새 생명의 서광으로 변화시켰습니다.

• 2013년 12월 26일 삼종기도

여러분에게 제가 한 가지 권고를 좀 드리려고 합니다.
권고라기보다는 오늘의 숙제이지요.
오늘, 집에서, 세례일을 찾아보세요. 물어 보세요.
그렇게 하면 그토록 아름다운 세례일을 정확히 아시겠죠.
우리의 세례일을 아는 것은 기쁨의 날짜를 아는 것입니다.…
우리는 세례의 기억을 일깨워야 합니다.

 • 2014년 1월 8일 일반알현

복음서에 새겨진 이 체험이 우리 마음에도 새겨지고
우리 삶에서도 빛나도록 합시다.
부활 주일의 기쁨에 찬 놀라움이
우리의 생각과 눈빛과 태도와 몸짓과 말에서도…
빛나게 합시다.
우리는 그렇게 빛납니다. 그것은 화장이 아닙니다!
내면으로부터, 이 기쁨의 샘에 잠긴 마음에서 나옵니다.

 • 2014년 4월 21일 부활 삼종기도

부활 시기 없이 사순 시기만 살아가는 것처럼 보이는 그리스도인들이 있습니다.

• 『복음의 기쁨』6항

삶의 의미를 되찾아주는 사랑을 받았는데, 어떻게 이 사랑을 다른 이들과 나누지 않을 수 있겠습니까.

• 『복음의 기쁨』8항

이런 속담이 있죠. 한 사람이 남길 수 있는 최고의 유산은,
자녀를 낳고, 한 그루 나무를 심고, 한 권의 책을 쓰는 것이다.
각자에게 물어 봅시다.
"내 뒤에 오는 사람에게 나는 어떤 유산을 남길 것인가?
내 삶으로 유산을 남길 것인가?
사람들이 나를 아버지나 어머니로
여길 만큼 좋은 일을 충분히 했는가?"

• 2014년 2월 6일 강론

그리스도인의 사랑은 계산하지 않습니다.
이것이 착한 사마리아 사람의 가르침이고, 예수님의 가르침입니다.

• 2014년 3월 18일 트윗

주님은 무엇인가를 요구하시기 전에 약속을 하십니다. 바로 기쁨의 약속입니다.

• 2014년 3월 31일 강론

그러므로 복음 선포자는 장례식에서
막 돌아온 사람처럼 보여서는 결코 안 됩니다.

• 『복음의 기쁨』 10항

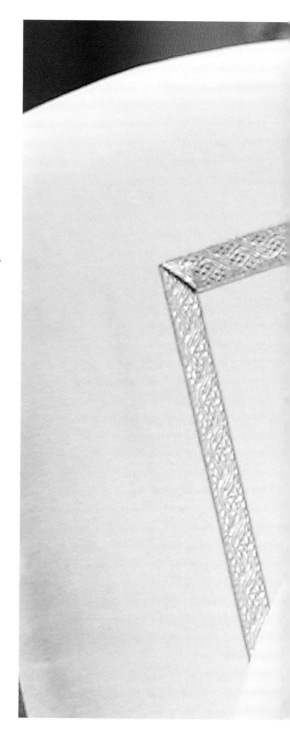

그러나 분열은
교회의 '믿을 만함'(credibility)과 선교의 효과를 약화시키고,
그리스도의 십자가가 지닌 권능을
헛되게 만들 위험을 초래합니다(1코린 1,17 참조).

• 2014년 1월 22일 일반알현

하느님 백성에 예언이 없으면,
그 빈자리는 성직주의로 채워집니다.

• 2013년 12월 16일 강론

정말 중요한 것들,
즉 기술이나 전문적인 일을 배우려면 시간이 필요합니다.
그리고 사람을 알고 사랑과 우정이 지속되는 데도
시간이 필요합니다.
우리에게 중요한 것은 모두 시간을 필요로 합니다.

• 2005년 부활 대축일 강론
  (콜라조, 로각, 210쪽, 참조: 『복음의 기쁨』 222항)

당신이 응원하는 팀이 골을 넣으면 목청껏 소리 지를 능력이 있으면서,
주님께 찬미의 노래를 부를 능력이 없어요?

• 2014년 1월 28일 강론

인생은 축구와 같습니다. 반칙을 하면 벌을 받아야 하고,
공이 어디에 떨어질지는 아무도 알지 못합니다.

• 2012년 3월 10일 강론

군말 없이* 이를 실천합시다. 해설하지 말고 실천합시다.

* sine glossa

1936년	12월 17일. 이탈리아 이민 가정에서 출생(부에노스아이레스)
1953년	9월 21일. 고해성사 후 하느님의 자비에 압도되는 체험
1956년	공업학교 졸업 후 교구 신학교 입학(부에노스아이레스)
1957년	심각한 폐렴으로 오른쪽 폐 일부를 제거
1958년	3월 11일. 예수회 입회
1960년	3월 12일. 예수회 수도자로서 첫 서원. 인문학 공부(칠레).
1961~1963년	상 미구엘 신학교에서 철학 공부(부에노스아이레스)
1964~1965년	인마쿨라타 대학에서 문학과 심리학 강의(아르헨티나의 산타페)
1966년	엘살바도르 대학에서 문학과 심리학 강의(부에노스 아이레스)
1967~1970년	산호세 대학교에서 신학 공부(아르헨티나의 상 미구엘)
1969년	12월 13일. 사제 수품
1970~1971년	예수회 제삼수련(스페인의 알칼라 데 에나레스)
1971~1973년	예수회 수련장(상 미구엘)
1973년	4월 22일. 예수회 종신서원
1973~1979년	예수회 아르헨티나 관구장
1973년	이스라엘 순례가 욤 키푸르 전쟁으로 중단됨
1980년	영어 공부를 위해 아일랜드 체류(더블린)
1980~1986년	산호세 대학교 학장(상 미구엘)
1982년	『수도자들을 위한 묵상』(Meditaciones para religiosos) 출판
1986년	신학 연구를 위해 독일 체류(로텐부르크, 프랑크푸르트)
	『사도적 생활에 대한 성찰』(Reflexiones sobre la vida apostolica) 출판
1986~1992년	엘살바도르 대학에서 고해사제와 영성지도자로 활동(코르도바)
1992년	3월 20일 부에노스아이레스 대교구 보좌주교와 아우카의 명의 주교로 임명 (수품: 6월 27일)
	『희망의 성찰』(Reflexiones de esperanza) 출판
1997년	6월 3일. 부에노스아이레스 대교구 부교구장 주교로 임명
1998년	2월 28일. 부에노스아이레스 대교구장 착좌
2001년	2월 21일. 추기경 서임
2005년	4월 18-19일. 콘클라베 참석(바티칸)
	11월 8일. 아르헨티나 주교회의 의장으로 선출
2007년	제5차 중남미·카리브해 주교회의 총회 최종 문서 편집위원장(아파레시다)
2008년	11월 11일. 아르헨티나 주교회의 의장 재선
2013년	3월 13일 교황선출

사베리오 가에타 지음, 강선남 옮김,『교황 프란치스코, 새 시대의 응답자』(2013, 성바오로)

김종봉 엮음,『파파 프란치스코 100』(2014, 불휘)

교황 프란치스코 지음, 암브로게티, 루빈 대담, 이유숙 옮김,『교황 프란치스코』(2013, RHK)

콜라조, 로각 엮음, 제병영 옮김,『교황 프란치스코 어록 303』(2014, 하양인)

쟌니 발렌테, 박점례 옮김,『세상의 끝에서 온 교황 프란치스코』(2013, 생활성서)

매튜 번슨, 제병영 옮김,『교황 프란치스코 그는 누구인가』(2013, 하양인)

프란치스코 교황, 안토니오 스파다로 지음, 국춘심 옮김,『나의 문은 항상 열려 있습니다』(2014, 솔)

Heiko Haupt, Franziskus, der Papst der Armen(2013, München)

교황 프란치스코 관련 공식 문헌 http://www.vatican.va

한국 가톨릭 주교회의 공식 문헌 http://www.cbck.or.kr

교황 프란치스코의 영어 트윗 계정 @Pontifex

교황 프란치스코의 독일어 트윗 계정 @Pontifex_de

교황 프란치스코의 프랑스어 트윗 계정 @Pontifex_fr

교황 프란치스코,『복음의 기쁨』(2014, 한국 천주교 주교회의)

(이 책은 공인 번역 외에 박동호 역, 영어, 불어, 독일어 번역본을 참고하였습니다.)

사
진
출
처

1장 | 제가 여러분을 축복하기 전에
여러분들이 저를 위해 기도해 주십시오

28쪽 ⓒREUTERS/Alessandro Bianchi
2013년 2월 27일, 바티칸 성 베드로 광장에서 마지막 일반알현을 하기 위해
도착한 베네딕토 16세.

29쪽 ⓒREUTERS/Dylan Martinez
2013년 3월 13일, 바티칸에서 새롭게 교황이 선출되었음을 알리며 시스티
나 성당에서 흰 연기가 나고 있다.

ⓒREUTERS/Max Rossi
2013년 3월 13일, 새로운 교황이 성 베드로 대성당 발코니에 모습을 드러내
길 기다리는 신자들.

30쪽 ⓒREUTERS/Tony Gentile
2013년 3월 13일, 바티칸 성 베드로 대성당 발코니에 모습을 드러낸 프란치
스코 교황.

31쪽 ⓒREUTERS/Dylan Martinez
2013년 3월 13일, 바티칸 성 베드로 대성당 발코니에 모습을 드러낸 프란치
스코 교황.

32쪽 ⓒREUTERS/Dylan Martinez
2013년 3월 13일, 프란치스코 교황이 영대를 걸치는 모습. 교황이 된다는,
무척 중요한 상징이다.

33쪽 ⓒREUTERS/Handout
2013년 3월 18일, 프란치스코 교황의 문장.

35쪽 ⓒREUTERS/Max Rossi
2013년 3월 13일, 바티칸 성 베드로 대성당 발코니에서 고개를 숙이는 프란

치스코 교황.

36쪽 ⓒgettyimages/멀티비츠
〈새에게 설교하는 성 프란치스코〉, 조토 디 본도네.

38~39쪽 ⓒREUTERS/Osservatore Romano
2013년 3월 13일, 바티칸 성 베드로 대성당 앞에 모여 있는 수많은 신도들을
바라보는 교황.

40쪽 ⓒREUTERS/Clarin/Handout
사제 시절의 모습.

41쪽 ⓒREUTERS/Clarin/Handout
사제 시절의 모습.

42쪽 ⓒREUTERS/Alessandra Tarantino/Pool
2013년 7월 8일, 이탈리아 남부 람페두사 섬에서 이주민들을 만나는 모습.

44쪽 ⓒREUTERS/Clarin/Handout
프란치스코 교황의 부모님 사진.

45쪽 ⓒAP Photo/Bergoglio family photo
10대 시절 프란치스코 교황의 모습.

46쪽 ⓒREUTERS/Stefano Rellandini
2013년 7월 24일, 브라질 상파울루 주 아파레시다 성당.

48쪽 ⓒREUTERS/Parroquia Virgen de Caacupe/Handout
1998년 아르헨티나 부에노스아이레스 슬럼가를 방문한 모습.

49쪽 ⓒAP Photo/Gregorio Borgia
2014년 4월 13일 바티칸 성 베드로 광장.

50쪽 마르크 샤갈, 〈하얀 십자가〉 ©Marc Chagall / ADAGP, Paris-SACK, Seoul, 2014 Chagall ®

52쪽 ©AP Photo/L'Osservatore Romano
2014년 3월 14일, 이탈리아 아리치아에서 피정을 다녀오면서 버스에 탄 모습.

53쪽 ©AP Photo/Pablo Leguizamon, File
2008년 아르헨티나 부에노스아이레스의 지하철을 탄 모습.

54쪽 ©REUTERS/Tony Gentile
2014년 5월 24일, 이탈리아 로마 피우미치노 공항에서 비행기에 탑승하는 모습.

55쪽 ©REUTERS/Giampiero Sposito
2013년 7월 22일, 이탈리아 로마 피우미치노 공항.

56쪽 ©REUTERS/Tony Gentile
2014년 1월 8일, 바티칸 성베드로광장에서 열린 일반알현.

58~59쪽 ©REUTERS/Enrique Garcia Medina
2008년 3월 20일, 아르헨티나 부에노스아이레스 인근 파르케파트리시오스에서 열린 목요미사에서 환자들의 발에 입맞춤하는 모습.

60쪽 ©REUTERS/Ricardo Moraes
2013년 7월 28일, 갈레아오 공군 기지에서 리우데자네이루로 향하는 비행기 안.

62쪽 ©REUTERS/Tony Gentile
2013년 5월 26일, 이탈리아 로마의 '성 엘리자베타와 자카리아' 교구에서 집전한 미사에서.

2장 | 하느님은 가난한 사람들을 사랑하는 사람들을 사랑하십니다

66쪽 ©REUTERS/Edgard Garrido
2012년 3월 11일, 스페인 레온의 한 성당.

69쪽 ©REUTERS/Agustin Marcarian
2014년 3월 20일, 부에노스아이레스 한 슬럼가.

70~71쪽 ©REUTERS/Stefano Rellandini
2013년 바티칸에서 로마 교구의 목회자 대회 개막식에 참석한 모습.

72쪽 ©REUTERS/Nir Elias
2006년 1월 19일, 몽골 울란바토르.

73쪽 ©REUTERS/Jeff Haynes
2013년 11월 28일, 미국 시카고.

74쪽 ©REUTERS/Osservatore Romano
2013년 3월 14일, 새롭게 선출된 프란치스코 교황이 교회가 운영하는 숙소에서 묵은 뒤 자신의 숙박비를 신용카드로 결제하는 모습.

75쪽 ©AP Photo/Natacha Pisarenko
사제 시절 아르헨티나에서 쓰던 방.

76쪽 ©EPA/CLAUDIO PERI
2013년 11월 6일, 바티칸에서 열린 일반알현에서 아픈 사람을 쓰다듬어주는 모습.

79쪽 ©REUTERS/Eduardo Munoz
2013년 12월 14일, 미국 뉴욕.

81쪽 ©REUTERS/Andrew Medichini/Pool
2014년 5월 25일, 베들레헴의 예수 탄생 기념 성당 옆 구유 광장에서 미사를 집전하는 모습.

82쪽 ©REUTERS/Gleb Garanich
2014년 6월 12일, 우크라이나 슬라반스크.

84~85쪽 ©REUTERS/Stefano Rellandini
2014년 4월 6일, 바티칸 성 베드로 광장에서 열린 일반알현.

86쪽 ©REUTERS/Akhtar Soomro
2014년 4월 10일, 파키스탄 카라치.

88~89쪽 ©REUTERS/Akhtar Soomro
2014년 1월 26일, 바티칸 성 베드로 광장에서 삼종기도 동안 아이들과 함께.

91쪽 ©REUTERS/Jerry Lampen
2005년 4월 8일, 바티칸 성 베드로 광장에서 열린 요한 바오로 2세 장례식.

93쪽 ⓒREUTERS/Stefano Rellandini

2014년 4월 27일, 바티칸 성 베드로 광장에서 요하네스 23세와 요한 바오로 2세 시성식.

94쪽 ⓒREUTERS/Luca Zennaro/Pool

2013년 7월 25일, 세계 청년 대회 때 브라질 리우데자네이루 슬럼가를 방문한 모습.

96~97쪽 ⓒ김민

98쪽 ⓒREUTERS/Stefano Rellandini

2013년 6월 16일, 바티칸 성 베드로 광장에서 열린 미사에서 아픈 환자를 어루만지는 모습.

100쪽 ⓒREUTERS/Valentyn Ogirenko

2014년 4월 8일, 우크라이나 키예프.

102~103쪽 ⓒ한겨레 / 김경호

2013년 9월 23일, 서울광장.

104쪽 ⓒREUTERS/Tony Gentile

2013년 5월 5일, 바티칸 성 베드로 광장에서 열린 교회 신심단체들을 위한 미사.

106~107쪽 ⓒREUTERS/Osservatore Romano

2013년 3월 14일, 바티칸 시스티나 예배당에서 주교들과 함께.

109쪽 ⓒAP Photo/Alessandra Tarantino

2014년 4월 18일, 이탈리아 로마의 십자가의 길 예식에서 기도하는 모습.

111쪽 ⓒREUTERS/Nir Elias

2014년 5월 25일, 예루살렘의 성묘교회에서 바르톨로메오스 총대주교와 함께.

113쪽 ⓒREUTERS/Gabriel Bouys/Pool

2014년 3월 27일, 바티칸에서 오바마 미국 대통령과 함께.

114쪽 ⓒREUTERS/Kim Hong-Ji

2014년 4월 16일, 진도 앞바다.

115쪽 ⓒ여성신문/이정실

116쪽 ⓒREUTERS/Dylan Martinez

2005년 4월 2일, 바티칸 성 베드로 광장.

3장 | 예수님이 주신 혁명만큼 강한 것은 없습니다

121쪽 ⓒREUTERS/Osservatore Romano

2013년 3월 29일, 바티칸 성 베드로 대성당에서 열린 예수 부활 대축일 행사에서 기도하는 모습.

122~123쪽 ⓒREUTERS/Max Rossi

2014년 5월 19일, 바티칸 시노드 홀에서 열린 이탈리아 주교회의.

124~125쪽 ⓒREUTERS/Alessandro Bianchi

2014년 6월 29일, 바티칸 성 베드로 대성당 앞에 그려진 그림.

126쪽 ⓒREUTERS/Baz Ratner

2014년 5월 26일, 예루살렘의 야드 바셈 홀로코스트 추모관.

129쪽 ⓒREUTERS/Baz Ratner

2014년 5월 24일, 요르단 강가에서 기도하는 모습.

130~131쪽 ⓒREUTERS/Baz Ratner

2014년 7월 20일, 바티칸 성 베드로 광장의 사도 궁전 창가에서 삼종기도를 집전하는 모습.

133쪽 ⓒREUTERS/Tony Gentile

2014년 1월 19일, 이탈리아 로마의 사크로 쿠오레 성당.

134쪽 ⓒREUTERS/Alessandro Bianchi

2014년 4월 30일, 바티칸 성 베드로 광장에서 열린 일반알현.

136~137쪽 ⓒREUTERS/Tony Gentile

2013년 12월 24일, 바티칸 성 베드로 대성당 성탄미사.

139쪽 ⓒREUTERS/Tony Gentile

2014년 5월 24일, 요르단 암만의 왕궁에서 무슬림 성직자들과 함께.

140쪽 ⓒREUTERS/Giampiero Sposito

2013년 12월 14일, 바티칸의 바오로 6세 홀에서 열린 일반알현.

141쪽 ⓒREUTERS/Max Rossi

2013년 6월 7일, 바티칸의 바오로 6세 홀에서 예수회 학교 학생들과 함께.

142~143쪽 ⓒREUTERS/Osservatore Romano
2013년 4월 2일, 바티칸 성 베드로 대성당의 요한 바오로 2세 무덤 앞에서 기도하는 모습.

145쪽
〈성 마테오의 소명〉, 미켈란젤로 메리시 다 카라바조.

147쪽 ⓒREUTERS/Ciro De Luca
2014년 7월 5일, 이탈리아 남부 이세르니아에서 신자가 건넨 『복음의 기쁨』에 사인을 하는 모습.

4장 I 저는 교회를 야전병원이라 봅니다

150쪽 ⓒREUTERS/Wolfgang Rattay
2013년 11월 15일, 태풍의 피해가 심각한 필리핀 타클로반에서 의료활동을 벌이는 NGO.

152~153쪽 ⓒREUTERS/Tony Gentile
2013년 3월 27일, 바티칸 성 베드로 광장에서 열린 일반알현.

155쪽 ⓒREUTERS/Sergei Karpukhin
2013년 10월 8일, 러시아 모스크바.

156쪽 ⓒREUTERS/Claudio Peri/Pool
2013년 12월 21일 바티칸 클레멘티나 홀에서 크리스마스 인사를 하는 모습.

158쪽 ⓒREUTERS/Gregorio Borgia/Pool
2013년 10월 4일, 프란치스코 교황이 방문한 이탈리아 아시시의 세라피코 재단.

160~161쪽 ⓒREUTERS/Mheisen Amareen
2014년 5월 25일, 이스라엘과 요르단 강 서안 지역을 나누는 벽 앞에서.

163쪽 ⓒREUTERS/Andrew Biraj
2009년 11월 21일, 방글라데시 다카.

165쪽 ⓒREUTERS/Muhammad Hamed
2014년 5월 24일, 요르단 암만 국제 경기장에서 열린 미사.

166~167쪽 ⓒREUTERS/Muhammad Hamed
2014년 5월 26일, 예루살렘의 통곡의 벽 앞.

169쪽 ⓒREUTERS/Tony Gentile
2014년 4월 17일, 이탈리아 로마의 산타마리아 델라 프로비덴차 교회.

170쪽 ⓒREUTERS/Yannis Behrakis
1992년 12월 15일, 소말리아 바이도아.

172쪽 ⓒREUTERS/Giampiero Sposito
2013년 6월 23일 바티칸 성 베드로 기차역.

5장 I 사제들에게 양의 냄새가 나는 목자가 되라고 요청합니다

176~177쪽 ⓒREUTERS/Ahmad Masood
2005년 7월 20일, 아프가니스탄 카불.

178쪽 ⓒEPA/OSSERVATORE ROMANO/HANDOUT
2014년 3월 28일, 바티칸 성 베드로 대성당에서 열린 미사에서 사제에게 고해성사를 하는 모습.

180~181쪽 ⓒREUTERS/Jerry Lampen
2005년 4월 21일, 바티칸.

182~183쪽 ⓒREUTERS/Alessandro Bianchi
2013년 7월 14일, 이탈리아 카스텔간돌포에서 삼종기도를 올리는 모습.

185쪽 ⓒREUTERS/Stefano Rellandini
2013년 7월 27일, 브라질 리우데자네이루의 성 요아킴 궁에서 주교들을 만나는 모습.

187쪽 ⓒREUTERS/Alessia Pierdomenico
2009년 4월 2일, 바티칸 성 베드로 대성당, 요한 바오로 2세 선종 4주기.

188쪽 ⓒREUTERS/Alessandro Bianchi
2013년 10월 27일, 바티칸 성 베드로 광장.

190~191쪽 ⓒREUTERS/Alessandro Bianchi
2014년 6월 18일, 바티칸 성 베드로 광장에서 열린 일반알현.

192쪽 ⓒREUTERS/Jorge Adorno

2014년 4월 2일, 파라과이 아순시온.

195쪽 ⓒREUTERS/Alessia Pierdomenico
2009년 8월 15일, 이탈리아 로마.

196쪽 ⓒREUTERS/Brian Snyder
2014년 4월 20일, 미국 보스턴.

199쪽 ⓒREUTERS/Lee Jae-Won
2011년 6월 17일, 파주시 임진각 평화 공원.

200쪽 ⓒREUTERS/Max Rossi
2013년 3월 17일, 바티칸 성 베드로 광장에서 열린 삼종기도.

202~203쪽 ⓒREUTERS/Stefano Rellandini
2013년 4월 3일, 바티칸 성 베드로 대성당에서 열린 일반알현.

205쪽 ⓒREUTERS/Marcos Brindicci
2013년 3월 19일, 아르헨티나 부에노스아이레스.

206쪽 ⓒREUTERS/Stefano Rellandini
2013년 7월 27일, 브라질 리우데자네이루.

209쪽 ⓒREUTERS/Max Rossi
2014년 4월 18일, 이탈리아 로마 콜로세움.

211쪽 ⓒREUTERS/Alessandro Garofalo
2014년 6월 23일, 브라질 리우데자네이루.

212쪽 ⓒREUTERS/Francisco Bonilla
2013년 3월 26일, 스페인 알메리아의 성주간(聖週間) 행렬 기간에.

6장 | 어떻게 이 사랑을 다른 이들과
나누지 않을 수 있겠습니까?

216~217쪽 ⓒREUTERS/Tony Gentile
2014년 1월 29일, 바티칸 성 베드로 광장.

218~219쪽 ⓒREUTERS/Alessandro Bianchi
2013년 3월 29일, 이탈리아 로마의 콜로세움.

221쪽 ⓒREUTERS/Tony Gentile
2013년 2월, 바티칸 스위스 근위병.

222쪽 ⓒREUTERS/Giampiero Sposito
2013년 12월, 바티칸 교황 바오로 6세 홀에서 아이들이 프란치스코 교황 퍼즐을 맞추고 있다.

224쪽
〈의심하는 도마〉, 미켈란젤로 메리시 다 카라바조.

227쪽 ⓒREUTERS/Tony Gentile
2014년 4월 18일, 이탈리아 로마 콜로세움.

229쪽 ⓒREUTERS/Tiziana Fabi/Pool
2013년 12월 19일, 바티칸.

230~231쪽 ⓒREUTERS/Alessandro Bianchi
214년 3월 5일, 바티칸 성 베드로 광장에서 열린 일반 알현.

232쪽 ⓒREUTERS/Tony Gentile
2014년 1월 19일, 이탈리아 로마 사크로 쿠오레 대성당.

234~235쪽 ⓒREUTERS/Tony Gentile
2013년 6월 3일, 바티칸 성 베드로 대성당, 교황 요한 23세 선종 50주기 미사가 끝난 후.

236쪽 ⓒREUTERS/Max Rossi
2014년 6월 7일, 바티칸 성 베드로 광장.

237쪽 ⓒREUTERS/Alessandro Bianchi
2014년 6월 25일, 바티칸 성 베드로 광장.

238쪽 ⓒREUTERS/Alessandro Bianchi
2014년 1월 29일, 바티칸.

우리 곁의 교황
파파 프란치스코

1판 1쇄 찍음 2014년 7월 28일
1판 1쇄 펴냄 2014년 8월 5일

지은이 프란치스코 교황
엮은이 주원준
기획   장석봉

주간 김현숙
편집 변효현, 김주희
디자인 이현정, 전미혜
영업 백국현, 도진호
관리 김옥연

펴낸곳 궁리출판
펴낸이 이갑수

등록 1999. 3. 29. 제300-2004-162호
주소 110-043 서울시 종로구 통인동 31-4 우남빌딩 2층
전화 02-734-6591~3
팩스 02-734-6554
이메일 kungree@kungree.com
홈페이지 www.kungree.com

ⓒ 주원준, 장석봉, 2014. Printed in Seoul, Korea.

ISBN 978-89-5820-275-2 03230

값 23,000원